ハチドリのひとしずく
〜南米エクアドルに伝わる昔話〜

山が火事になりました。

森のいきものたちは　虫も鳥も動物たちも　あわてて逃げだしました

でもクリキンディという名のハチドリだけは　そこに残りました
そしてこの小さな鳥は　くちばしで　水のしずくを一滴ずつ運んでは
行ったり来たりして　火の上に落とし続けました

それをみた動物たちは「そんなことして何になるんだい」とばかにして笑いました
クリキンディは答えました　「わたしは　じぶんにできることをしているだけだよ」

　この物語は、南米エクアドルの伝説です。小さなハチドリの「わたしは、じぶんにできることをしているだけ」と答えた一言が、日々の小さな出来事でつまずいたり立ち止まったりする私たちに、力をくれることでしょう。

はじめに

　星は宇宙を漂うガスから生まれ、最後はガスに戻ります。地球は限りのある空間であり、水や空気やあらゆる物質が循環して、生命が維持されます。自然の中の循環は、人間を含むすべての生物のつながりでできています。人間の体の中にも血液の循環があり、命を維持していきます。もうお気づきでしょう。わたしたちのいるこの世界に共通するしくみは、循環なのです。そして、体の中の循環が絶たれると命を失うように、自然や地球全体の循環が絶たれると、自然も地球もやがて崩壊してしまいます。けれども残念なことに、わたしたちの世界の基本が循環であり、循環を維持することが最も大切なことだということは、あまり理解されずにきたようです。

　絵本『せいめいのれきし』にあるように、人間が地球に登場したのはほんの最近のことです。人間はこの250年ほどの間に、自然の循環を壊すような社会を作ってしまいました。

　もともと自然の中には、生物が分解することのできない物質はありません。生物に分解できない物質を作り出し、大気の中、自然の中にそれらを大量に撒き散らしてきたのが、人間の社会です。今の社会を自然の循環を取り戻すような社会に変えていくことは、私たち人間に課せられた大きな課題です。そして、グローバルな視野を持ってこの課題に取り組む人々は、「地球市民」と呼ばれます。すべての人間が「地球市民」として生きていくことができれば、自然や地球の循環もちゃんと取り戻すことができることでしょう。

　循環のしくみを学んで人間の社会に循環を取り戻すのが「地球市民」の仕事なのですが、地球市民の仕事には決まったマニュアルがあるわけではありません。ではどうしたらよいでしょう？　循環のお手本は自然の中にあります。人間も自然の一部です。自然のしくみを理解して、そのしくみからはずれないようなくらしを目指し、作り上げていくこと、それが「地球市民」の仕事なのです。

　この本は、子どもたちが「地球市民」として生きていくためのきっかけづくりや、自然のしくみの理解、そして自然に対してどうふるまえばよいかを保育の中でまなぶために作られました。子どもが育つ場で、そばに一緒にいる保育者や親が、子どもとともに「自然を楽しみ、自然と仲良くする」ための本です。子どもたちと自然のなかでいっぱい遊べるようなゲームや造形を紹介しています。この本を通じて子どもたちが、「ハチドリのひとしずく」のクリキンディのように、自分にできることを見つけ出し、行動できる「地球市民」に育っていくことを願っています。

　子どものそばにいる大人の皆さんも、自分の中の自然に感動する心を呼び起こしてください。そして、この本を手に、子どもと一緒に自然の中に出かけてくださることを、執筆者一同、心から望んでいます。

　　　　参考図書：『せいめいのれきし』　バージニア・リー・バートン
　　　　文・絵　いしい　ももこ　訳　まなべ　まこと　監修　福音館書店
　　　　生命の循環が壮大なドラマで描かれています。

目 次

ハチドリのひとしずく ・・・・・・・・・・・・・・・・・・・・・・・・・ 1

はじめに ・・・・・・・・・・・・・・・・・・・・・・・・・・・・・・・ 5

Chap Ⅰ　大地編

　1 外に出る前に ・・・・・・・・・・・・・・・・・・・・・・・・・・・ 8

　2 身近な自然

　　（1）園庭に出てみよう ・・・・・・・・・・・・・・・・・・・・・・ 12

　　（2）公園に行ってみよう ・・・・・・・・・・・・・・・・・・・・・ 14

　3 もっといろいろな自然の中へ

　　（1）自然とのつきあい方 ・・・・・・・・・・・・・・・・・・・・・ 20

　　（2）森に行ってみよう ・・・・・・・・・・・・・・・・・・・・・・ 22

　　（3）川原に行ってみよう ・・・・・・・・・・・・・・・・・・・・・ 25

　　（4）田んぼや畑に行ってみよう ・・・・・・・・・・・・・・・・・・ 29

Chap Ⅱ　太陽・水・風　編

　1 太陽と植物（「つくるかかり」の光合成のはなし） ・・・・・・・・・・ 31

　2 食物連鎖と物質循環（「たべるかかり」のはなし） ・・・・・・・・・・ 33

　3 落ち葉の下の生きもの、土の中の生きもの ・・・・・・・・・・・・・ 37

　　（「かたづけるかかり」の分解のはなし」）

　4 森の生態系（生態系ピラミッド） ・・・・・・・・・・・・・・・・・ 42

　5 水の循環 ・・・・・・・・・・・・・・・・・・・・・・・・・・・・ 44

Chap Ⅲ　保育編

　1 センス・オブ・ワンダーを大切にする（五感で自然とふれあう）

　　Listen・Smell・Touch・Watch・Taste ・・・・・・・・・・・・・・ 48

　2 子どもと自然をむすぶ

　　〜「幼保連携型認定こども園教育・保育要領」からみた五つの「領域」〜・・ 60

　健康・・・61・人間関係・・・63・環境・・・68・言葉・・・74・表現・・・78

3 自然をテーマとしたプロジェクト活動 ・・・・・・・・・・・・・・ 99

Chap Ⅵ 資料編
　　1 ヨーロッパの森と日本の森 ・・・・・・・・・・・・・・・・・・・110
　　2 森の「ムッレ教室」と「森のようちえん」の共通点・相違点 ・・・・・・・112

あとがき ・・・・・・・・・・・・・・・・・・・・・・・・・・・・・・115

＊本文中の内容をわかりやすくするために、次のマークで示してあります。

トピック

引用

「幼保連携型認定こども園教育・保育要領」

やってみよう!

解説

参考書

Chap I　大地編

　自然というと、熱帯のジャングルやホッキョクグマのすむ氷の海、アフリカのサバンナを駆け巡るライオンやチータ、高い山から見る美しい朝日などを思い浮かべてしまう人は多いでしょう。そんな自然は遠すぎて、大きすぎて、わたしたちが地球市民として生きるために大切なことがお手本として隠れているなんて考えられないかもしれません。

　でも、わたしたちが「地球市民」として配慮すべきことを教えてくれる自然の循環のしくみは、部屋から出て外に行けばすぐそばにみつけることができます。まずは、そんな身近な自然に目を向けましょう。そして、この循環が損なわれないために必要なことを考えていきましょう。

　またこのような環境教育は、学校ではすでに授業に組み込まれてます。幼児教育への導入が義務づけられる日も遠くはないことと思います。

　この大地編は、「おひさまこども園」に通っている花芽と種樹の大冒険の物語とその解説という流れで進んでいきます。大地編の中に先生のお話として出てくる自然の物語は、自然のしくみを擬人化して、子どもたちにもわかるように伝えるための物語です。子どもたちを外に連れて行くとき、この物語を読んでから出発してもよいと思います。紙芝居、ペープサート、パネルシアターなどの造形を通じて、子どもたちに演じてみてもよいと思います。子どもたちと一緒に考えてみるのもよいでしょう。

　さあ、はなめちゃん、たねきくんといっしょに外へかけてみましょう。

1．外に出る前に

＜はなめとたねきの大冒険～外に出る前に～＞

　ここは、「おひさまこども園」です。きょうもたくさんのお友だちが園にやってきました。3歳になったはなめちゃんと5歳のたねきくんは、外が大好きです。いつも、園庭にある砂場や遊具であそんでいます。

　さて、外にあるあそび場はそれだけでしょうか？よくみると、外には自然がいっぱいあるのです。そして、自然の中に出てみると、様々な発見が待っています。

　でも、ちょっと待ってください。外に出る前に、準備したいものは何でしょう？

　先生が、大きな新聞紙を1枚渡してくれました。「これに、自然のなかで見つけたたからものをいれようね」。と、どんぐりバッグの作り方を教えてくれました。

　次に、箱からルーペを出してくれました。

Chapter I
大地編

「これをつかうと、いつもの園庭でも、新しいものがみつかるよ」
はなめちゃんもたねきくんも、いままでよりももっと、外に行くのが楽しみになりました。

【解説】野外に出る準備

　外に出るとき、ほんの少しの準備をしたり道具を少し持つだけで、外でできることがぐんと増えます。外嫌いになる子どもがいるのは、準備がちゃんとできていないからかもしれません。北欧の国々では、「悪いのは天気ではなく、天気に合わせた準備ができていないからだ」と言われるそうです。きちんと準備を整えるのも、一緒に行くおとなの役割です。

①服装

　外に出る時の服装は、長袖、長ズボンが一番です。虫さされや、草や小枝でけがをするのを防ぎます。暑い日も、薄手のシャツを着るなどの工夫をして、長袖で出かけるようにしましょう。ロールアップできるシャツなら、暑い日に少しだけそでをまくって過ごすこともできます。帽子も忘れずに！　強い日差しから守るだけでなく、上から小枝が落ちてきたとしても、頭を守ってくれます。

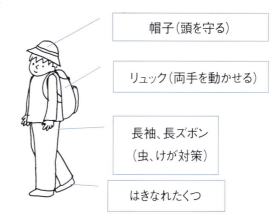

②子どもたちの持ち物

　外に出る時、ぜひ持って行ってほしいのが**ルーペ**です。外には小さな発見がたくさんあります。ルーペをひとつ首から下げれば、世界が大きく広がります。

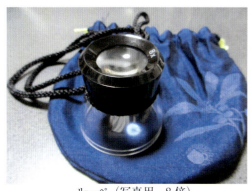
ルーペ（写真用、8倍）

　子どもたちは、地面の近くにいる小さな虫や、草や花が大好きです。もっとよく見たいという気持ちを助けてくれるのが、ルーペです。このルーペは写真用のルーペです。3倍〜8倍くらいのものが使いやすいでしょう。

　名探偵が持っているような丸い虫眼鏡はピントを合わせるのがむずかしく、ピントを合わせているうちに、虫が逃げてしまうこともあります。

　でも、このルーペなら、手のひらに見たいものを乗せてルーペをぽんとおけば、すぐに大きくみえます。気をつけることは、絶対に太陽を見ないこと。目を傷めることがあるので、これだけは注意して使ってください。

　この形のルーペは、写真店、ホームセンター、百円均一のお店などで買うことができます。

ルーペの使い方

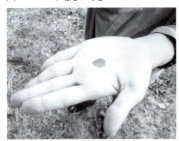
手のひらに大きくして見たいものを乗せます

ルーペをかぶせるようにおいて目を近づけます

こんなふうに見ましょう。大きく見えますよ

ルーペ付ケース

左のルーペはケースにルーペがついているもの。小さな虫はこれに入れて上からのぞきこめば、細かいところまでよく見えます。バッタの目の色は何色でしょう？　このケースを使えば、バッタも逃げ出さないので、ルーペで見て確かめることができます。そして、虫が少し苦手な大人も、このルーペ付ケースを使えば、虫にさわらなくても捕まえて観察することができます。

右の絵のように、ケースとルーペのついたふたで、虫をはさむようにして近づけてみましょう。簡単に捕まえることができます。

入手方法は、「ルーペ付ケース」でインターネット検索すれば、自然観察用品のネットショップや、海外から日本に出店しているおもちゃ屋さんなどの通販で手に入れることができます。

【やってみよう】どんぐりバッグを作ろう

子どもたちにとっては、見つけたものは何でも宝物。宝物を入れて持ち帰れるバッグがあるといいですね。スーパーのレジ袋を再利用してもいいけれど、後で燃えるゴミと燃えないゴミに分別するときに大変！新聞紙でこんなバッグを作ってはいかがでしょう？このバッグは、どんぐりの形に似ているので、「どんぐりバッグ」という名前をつけました。

折り方のように折って紐を通せば、肩からかけられるバッグになります。

折り方

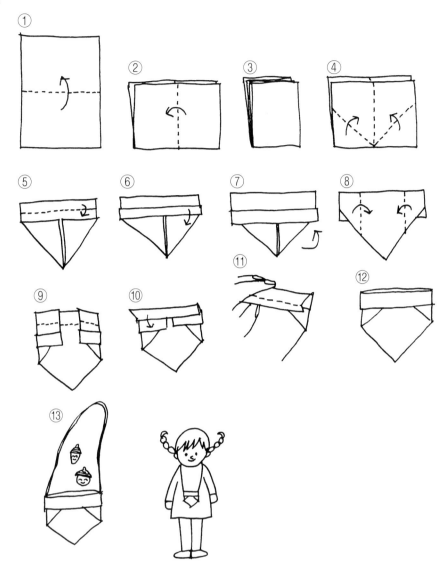

③お出かけボード

　デンマークの森のようちえんで見たお出かけボードには、きょうのお天気やおでかけに必要なものの絵を、マグネットにして貼ってありました。これと同じものがあれば、子どもたちも自分で出かけるしたくができますね。

今日はどんなかっこうで何を
持って行けばいいのかな?

④下見をしよう

　自然の中では予想外の出来事ばかり起こります。自然が大好きな人にはそれが楽しみでもあるのですが、野外で活動するときには安全を考慮して、必ず下見をしましょう。

園庭：出る前にさっと一回りしてチェックしましょう。ハチが来ていたり、ヘビがいたり、気をつけていれば危険を避けることができる生きものでも、知らないで近づくと、刺されたりかまれたりすることがあります。

公園・川原・森など：必ず事前に下見をしましょう。公園は工事中ではないか、川は増水していないか、森には倒木や落ちてきそうな枝がないかなど、危険なものを調べる安全管理もあります。でもそれだけでなく、子どもたちがたくさんの生きものに出会い、たくさんの発見をするためには、事前に何に出会えるかを見ておくことが大切です。子どもたちの「なぜ？」「どうして？」に答えられるように準備をしておくと、自然の楽しさが倍増し、また行きたいという気持ちにつながることでしょう。

2. 身近な自然

(1)　園庭に出てみよう

＜はなめとたねきの大冒険～園庭～＞

　園の部屋の中にいたはなめちゃんとたねきくん、部屋の中はちょっとたいくつです。だって、かべもゆかも、毎日おなじ色、おなじ形なんだもの。あしたになったら、新しい部屋があったり、新しい階段ができていたらいいのに。そんな魔法のようなことを考えてしまいます。

　そんなとき、部屋の中から外に出てみましょう。くつをはいて、ぼうしもかぶって、さあ、扉をあけましょう。外に出たって、地面はいつも同じ茶色だし、木や草の色や形もいつも同じだと思いますか？

【解説】おとなが声をかけるとき

　子どもたちは、おとなの声かけひとつで、自然への興味がふくらみます。単調で多様性のない部屋の中から外へ。ワクワクした気もちで外に出られるように話しかけてください。「外にいくと、どんな色があるかな？」「この積み木と同じかたちはあるかな？」「いい匂いがするかな？」など、五感を刺激するように働きかけるとよいと思います。子どもたちが興味をもってきたら、「じゃあ、さがしに行こう！」と呼びかければ、外に出るしたくが始まります。

Chapter I
大地編

<はなめとたねきの大冒険　〜園庭でみつけたのは・・・？〜>

　園庭に出たら、何がみつかるでしょう？はなめちゃんはさっそくしゃがみこみます。たねきくんは、走って行ってしまいました。

　しゃがみこんだはなめちゃんがみつけたのは、小さな花。黄色、白、ピンク、水色、いろいろな小さな花があることに気づきました。先生が、小さな花を見せてくれました。「これと同じ花はあるかな？」はなめちゃんが探してみると、「あそこにある！ここにも！あっちにも！こっちにはいっぱいある！！」よく見ると同じ花がたくさんありました。

　たねきくんが走って行ったのは、園庭のすみっこ。ダンゴムシがたくさんいるところです。葉っぱをひっくり返して見ると、ダンゴムシがごそごそと動きだしました。ダンゴムシを捕まえると、くるんとまるくなりました。たねきくんはダンゴムシがまるくなるのを見るのに夢中です。「ダンゴムシって何を食べるのかなあ？」と先生が言いました。たねきくんはきょろきょろ。あんな小さなダンゴムシが何かを食べるなんて考えたこともありません。ダンゴムシのまわりは土ばかりです。「土を食べるのかな？」たねきくんは言いました。先生が「そうかもしれないね。土のほかには何がある？」「葉っぱ！」「葉っぱを食べるかもね。確かめてみようか？」「どうやって？」「飼ってみたらどうかな？」ダンゴムシのほかにも、同じところでミミズをみつけました。

 ダンゴムシの飼い方は 39 ページにあります。

【解説】足元の自然を見よう。

　庭に出て、最初に目に飛び込んでくるのは、緑の葉っぱ、黄色、赤、白などの花。そして、草、花、ダンゴムシ、アリ、ミミズ・・・

　いろんな生きものがいっぱいいることに気づきませんか？

　外に出て、「ここにはいっぱい生きものがいるんだね、いろいろいるんだね」と思ったら、それが「生物多様性」です。

　同じダンゴムシでも、大きいのや小さいの、色の濃いのや薄いのがいますね。いろんな色や大きさがあります。真っ黒なダンゴムシと点々のついたダンゴムシがいるのに子どもたちが気づいたら、真っ黒なのがオスで、黄色い点々のついたのがメスだと教えてあげましょう。

ダンゴムシのオスとメスの違い

オス　　　　　　メス

いろいろあることに気づいたり、違いがあることに気づいたりすることが、知的好奇心の始まりです。いっしょにその発見を楽しんであげましょう。先生の「よく気がついたね。すごいね」の一言が、子どもたちの探求心を育てます。そして、自分で図鑑などを使って調べる習慣をつけましょう。わからないことがたくさんあることに気づき、少しずつわかるようになっていくのは、とても素敵なことではありませんか。ただし、自然や生きものの世界について、人間が調べてわかっていることは、ほんの少ししかありません。まだだれも知らない、わからないことがたくさんあるということも、子どもたちに伝えたいですね。

(2) 公園に行ってみよう

＜はなめとたねきの大冒険～公園～＞

　きょうは、公園までお散歩です。
「きょうの持ちものは、これです」
先生がお出かけボードを見せてくれました。
お出かけボードには、"どんぐりバッグ""ルーペ""すいとう"の絵がはってあります。
はなめちゃんもたねきくんも、お出かけボードを見ながらおでかけの準備です。

　園を出たら、大きな道路を渡らなければなりません。
右をみて、左をみて、車がいなければ、さあどうぞ。みんなで手をあげて道路をわたりましょう。
歩くときは、道路の右側を1列に並んで歩きましょう。
横に広がると、ビビービビー！！車がクラクションを鳴らしながら近づいてきますよ。

＜はなめとたねきの大冒険〜マザーツリー〜＞

　たくさんあるいて公園についたら、何がみつかるかな？
「大きな木があるよ！」
たねきくんがいいました。
「この大きな木は、おかあさんの木です。おかあさんの木ということは、子どもたちもいるということだよね。どこにいるんだろう？」
先生に言われてみんなが探すと、小さな小さな木の赤ちゃんがみつかりました。はなめちゃんやたねきくんよりも小さな赤ちゃんの木です。
「赤ちゃんの木は、どうやってここに来たのだと思う？」
　先生が聞くと、みんなが大きな声で言いました。
「おかあさんの木から産まれた！」「種！」

どんぐり（コナラ）の実生

　その通り。お母さんの木から産まれた種、そこから芽が出たのです。この小さな木の芽のことを、実生（みしょう）といいます。
「赤ちゃんの木のところに行って、上を見てごらん？」
「きらきらしてる！葉っぱの間からおひさまが見えるよ。」
　そうです。赤ちゃんの木は、おひさまが当たるところで芽を出します。

「じゃあきょうは、大きな木の下で、おかあさんの木、マザーツリーの話をしましょう」。
　みんなは大きな木の下に集まって、先生のまわりにすわりました。さあ、どんな物語が始まるでしょう？

マザーツリーのお話

　あるところに、大きな木がありました。おかあさんの木です。
　おかあさんの木は、子どもが大きく育つように、大きな四角い種を作りました。
　重くて転がらない大きな四角い種は、おかあさんの木のそばに落ちて芽を出しました。
　でも、おかあさんの木の下では、おひさまの光が当たらなくて、なかなか大きくなれませんでした。

　子どもの木が大きく育つためには、おかあさんの木は種をどんなところまで届けたらよいでしょう？（子どもたちが「種がおひさまのあたるところに落ちる！」と言ってくれたら大成功！でも言ってくれなかったら次に進みましょう）。

　そうですね、木のおかあさんは、おひさまのあたるところまで種を送り届けなければなりません。

Chapter I
大地編

　大きな木のおかあさんは、次に、丸い種をつくりました。
　丸い種は、ころころころがって、おひさまのあたるところで芽を出して大きくなることができました。

　それを見ていたほかの木のおかあさんは、種に羽をつけてあげました。
　風にふかれて、羽のついた種はくるくる回って飛んでいきました。
　羽のついた種は、遠くまで飛んで、おひさまのあたるところで芽を出すことができました。

　それを見ていたほかの木のおかあさんは、種のまわりにおいしい実をつけてあげました。
　おいしい実は、鳥たちが喜んで食べました。
　食べられた種は、鳥と一緒に遠くまで飛んでいって、うんちといっしょに地面に落ちました。
　おいしい実のついた種は遠くまで運ばれて、おひさまのあたるところで芽を出すことができました。

　それを見ていた草のおかあさんは、種のまわりにとげとげを作ってあげました。
　とげとげのついた種は、どうぶつたちのからだにくっついて、ゆっさゆっさと運ばれていきました。
　とげとげのついた種は遠くまで運ばれて、おひさまのあたるところで芽を出すことができました。

　こうやって、たくさんの種が遠くに運ばれて、大きくなってくれることがマザーツリーの願いです。それはおかあさんが子どもに元気で大きくなってほしいと願う気持ちそのものなのです。

おしまい

マザーツリーのお話が終わったら、みんなで種を探しましょう。
そして、どんなふうに遠くまで運ばれる種なのか、考えてみましょう

Chapter I
大地編

🍄 【解説】種子散布について

　植物の種は、いろんな方法でいろんな場所に運ばれます。いろいろな場所に種を運び届けることを種子散布といいます。

　その方法は、カタバミやホウセンカのようにはじけ飛ぶもの、タンポポやカエデのように風で飛んでいくもの、オナモミやセンダングサのように動物にくっついて運ばれるもの、ナンテンやエノキのように鳥が食べて遠くでフンをすることで運ばれるものなどがあります。

はじけて飛ぶもの
　　ホウセンカ、カタバミ、ムラサキケマンの実にちょっと触ると種がはじけ飛びます。
　　見つけたら、試してみましょう。
　　種とばしはおもしろくて、全部飛ばしたくなっちゃいます。

　　　　　　　　　　　　　　　　　　　　ホウセンカ　カタバミ

風で飛ぶもの
　　ふわふわの綿毛をつけて飛んでいくタンポポ。
　　ちょっとルーペで見てみましょう。

17

綿毛の部分は細かく枝分かれした毛でできています。
種の部分は？
地面にちゃんと潜って行けるように、ぎざぎざの溝がついています。
ケサランパサランの正体とも言われるガガイモの種は、写真のようにふわふわと飛んでいきます。

タンポポ

ガガイモの綿毛を飛ばす

カエデやユリノキの実はヘリコプターの羽と同じ形です。
ぽーんと投げるとくるくる回って落ちていきます。
ケヤキの実は、葉っぱと種が一緒になってくるくる回りますよ。

ユリノキ　カエデ

動物にくっついていくもの
　草の中を走っていくと、ひっつきむしの草の種がいっぱいくっつきます。
　草原に出かけたら、ひっつき競争をしてみましょう。
　ひっつきむしの草の種、どれだけくっつくかな？
　服についた種を取って、黒い紙の上に並べてみましょう。
　いろんな種がいっぱいみつかりますよ。

イノコヅチ　オナモミ

センダングサ

ころがっていくもの
　どんぐりころころは、ただの歌ではなく、種子散布の様子を歌ったものかもしれません。お池にはまらないように、おひさまのあたる地面に転がっていくことができたら、そこで芽を出します。

コナラ　クヌギ

鳥や動物に食べられて運ばれるもの
　赤い実のなるナンテン、実が黒くなってからのほうがおいしいヤマグワ、しわしわになってから甘くなるエノキなど、実のなる木のほとんどが、鳥に遠くまで運ばれる種です。
　糞とともに排出されることで、発芽が促進される場合もあり、鳥に食べられることが重要な生存戦略となっています。

Chapter I
大地編

鳥が実を食べて種子散布する様子を描いた学生作品

水に流れていくもの
　「やしの実」という歌に歌われていた遠くの島から流れ着いたヤシの実のように、水に流れて運ばれる種もあります。遠くの島で芽を出せるのか、それは大きな賭けですね。

　いろんな種を集めて、どうやって運ばれるか考えてみましょう。
下見のときに調べておいて、オリジナルクイズボードを作ってもいいですね。

 トピック【雑草園を作ってみよう】

　都会の保育園では、ねこじゃらしやひっつきむしの草などが見つからないところもあるでしょう。だからといって草遊びをあきらめることはありません。草の種は遠くまで飛んでいきます。子どもたちの靴といっしょに登園してくる種もあります。
　そこで、園庭に草刈をしない雑草の花壇「雑草園」を作ってみませんか？雑草こそが草あそびの宝庫です。そして、小さな草にも小さな花が咲き、たくさんの種をつくることを観察できるチャンスです。何が生えてくるかも楽しみのひとつです。出てきた草や花で、造形やゲームをして遊びましょう。新しい遊びが生まれてくるかもしれません。
　草の名前を知りたかったら、「ざっそうの名前」という絵本が手助けしてくれます。

　　　　　　　　　　　　　　　📖 参考図書：「ざっそうの名前」長尾玲子　福音館書店

3 もっといろいろな自然の中へ

＜はなめとたねきの大冒険〜自然のなかのおやくそく〜＞

　園庭も公園も楽しい自然がいっぱいで、遊びながらいろいろな自然のようすを見ることができました。そして、はなめちゃんもたねきくんも、もっともっといろんな場所に行ってみたいと思うようになりました。

　「次はどこに行きたい？」先生が聞くと、たねきくんは、「森で冒険したい！」はなめちゃんは、「原っぱでお花つみ！」少し遠くにいけば、園庭とはまた違ったもっともっとたくさんの自然に出会えることでしょう。

　そして先生が、「自然のなかにでかけたら、なかよくしたい生きものがいっぱいるよね。自然の生きものとなかよくしたいとき、たいせつなおやくそくがありますよ」と話してくれました。

　草や花となかよくしたいとき、鳥や動物となかよくしたいとき、そして、自然をたいせつにしたいとき、みんなにもできることがあります。

　おやくそくをまもって、自然のなかであそびましょう。

【解説】自然の中で大切なこと

　園庭や公園でいろいろ観察したり遊んだりするのが好きになったら、もっと遠くに出かけましょう。毎日のお散歩の時間に少し足をのばしてもいいでしょう。園庭や公園とは違う自然に出会えますよ。

　でもその前に、自然とのつきあい方を話してから出かけましょう。自然とのつきあい方を守れば、花も鳥も虫も、うんとなかよしになれます。外に出るときは、いつも、自然とのつきあい方を忘れないようにしましょう。

(1) 自然とのつきあい方

草や花となかよくするには・・・

きれいな花がある！と思ったとき、どうしていますか？ 自分だけのものにしようとして根っこからとったら、その花はどうなるでしょう？「その花であそびたい子がほかにいても、枯れてしまってあそべなくなるし、次に来たときにその花はなくなってしまうけど、いいかな？」と聞いてみましょう。「次にもその花に会えるように、草や花は根っこからとるのはやめて、葉っぱ1枚だけ、花を1個だけもらってあそぼうね」と約束できるといいですね。

鳥や動物となかよくするには・・・

自然の中に出かけても、鳥や動物はいつも遠くにいると思いませんか？鳥や動物は、とっても臆病で、いつも隠れています。虫も葉っぱのかげに隠れていることが多いのです。でも、みんなが静かに待っていると、そっと姿を見せますよ。静かに耳をすませば、鳥の声も聞こえます。静かにじっと待っていると、鳥たちが近づいてきて、餌を食べるところが見られます。鳥や動物となかよくしたければ、大きな声を出して騒がないで、静かにしましょう。

静かにしていると鳥や動物が近づいてくる様子は、絵本「わたしと あそんで」にそっくりです。絵本を読んでから、自然の中に出かけるのもよいでしょう。

 参考図書：『わたしと あそんで』 マリー・ホール・エッツ ぶん／え
　　　　　　　　　　　　　　よだ じゅんいち やく　福音館

自然すべてとのつきあい方

　生きもののからだを作る物質や水や空気が、形を変えてぐるぐる回っているのが自然の循環です。でもよそから循環しないものを持ってくると、いつまでも同じところにありますね。それが自然にとってのゴミなのです。自然の循環のサイクルに乗らないゴミの見分け方は、そのゴミがいつか土になるかならないかです。いつか土になるものは、生きもののだれかの食べ物です。いつまでも土にならなくてどんな生きものも食べることができないものは、人間が作り出したゴミなので、必ず持って帰りましょう。

 自然のゴミの見分け方は、「森のドア」（39ページ）で確かめることができます。

　土に還るものだからといって、自然の中に生ゴミを大量においてきてもよいでしょうか？ 大量の生ゴミは、自然の循環のサイクルを狂わせてしまいます。土に還るのにいつまでかかるのかわからない大量の生ゴミを、自然の中に置いてくるのはやめましょう。

 ## トピック【空はつながっている】

　地球上で生物が生活できるのは、地球の中心までの約6400ｋｍのうちほんの12ｋｍくらいの厚みの範囲です。そのたった12ｋｍの厚みをおおっているのが大気です。広くて高いと思っている空も、地球の表面のほんの少しの部分でしかないのです。
　そんな地球の表面で生きているのが地球の生物、そして人間です。地球の表面にある生物圏は、地球の歴史の中で何度も大きな変化、絶滅と進化を経験してきました。地球規模の視点で見ると、地球の生物は、地球の表面にしがみついて生きているちっぽけな存在だということがわかります。

それなのに人間は、大気汚染を引き起こす化学物質を次々と作り出してきました。フロンガスはオゾン層を破壊し、オゾンホールという大きな穴を開けてしまいました。人間が反省してフロンガスを使わなくなったので、オゾンホールは少しずつ小さくなっていますが、完全に穴がふさがるには21世紀末までかかるそうです。フロンが大量に使用され始めたのが1960年代なので、30年くらいかけてオゾン層を破壊し続けたことになります。その穴がふさがるまで100年以上もかかるなんて、化学物質は怖いと思いませんか？

空はつながっています。先進国が汚染した空は、新興国にも影響を与えます。そして、2015年12月12日に締結した第21回国連気候変動枠組み条約締約国会議（COP21）では、先進国も新興国も力を合わせてその対策を取ることが決まりました。子どもたちの夢は、先進国も新興国も同じように広がっていきます。この夢の広がる空がこれ以上損なわれることなく、いつまでも青く澄んでいてほしいと願わずにはいられません。

（2）森に行ってみよう

＜はなめとたねきの大冒険～森に行ってみよう～＞

今日は、公園より少し遠い森に行ってみましょう。お出かけボードを見て、準備は自分でできるかな？

たくさん歩いて着いた森の入り口では、先生がくぬぎの森のおじいさんにごあいさつをしています。
「きょうは、子どもたちを森で遊ばせてくれて、ありがとうございます。よろしくお願いします。」はなめちゃんもたねきくんも一緒にごあいさつです。「こんにちは！くぬぎの森のおじいさん」

森に入るときには、森にもあいさつしましょう。「こんにちは、ここで遊んでもいいですか？」「いいですよ～」・・・森の妖精が答えたのでしょうか？ いえいえ、きょうは先生の小さな声でした。

くぬぎの森の中は不思議な場所です。
「地面がやわらかーい！」はなめちゃんがびっくりしています。
「落ち葉がいっぱいだね」たねきくんもわくわくしています。
春はバッタやチョウチョ、夏はセミが迎えてくれます。秋は落ち葉やどんぐりでいっぱいです。

「上を見上げてごらん？」先生が言いました。はなめちゃんもたねきくんも森の天井を見上げました。葉っぱの間から、きらきらおひさまの光がこぼれてきます。「きれいだね」「うん。きれいだね」
さあ、今日は何をして遊びましょうか？

【やってみよう】さとやま自然観察

①森のレストラン

　"くぬぎの森"は、クヌギやコナラなど、むかし炭をつくるために植えられた木々がたくさん生えています。クヌギやコナラの落ち葉は、カブトムシの幼虫の大好物。秋から冬の間に落ち葉をもりもり食べて大きくなります。"くぬぎの森"では、ニイニイゼミやアブラゼミ、ヒグラシ、ミンミンゼミ、ツクツクボウシ、クマゼミなども土の中の木の根っこのところで幼虫時代を過ごします。倒れた木の中ではクワガタやカミキリムシが育ちます。

　そして夏になると一斉に森の中に登場するのです。こんな虫たちがもっとも多く見つかるのが、木の汁（樹液）の出ている木です。

樹液は虫たちの大好物。森のレストランは7月から8月、夏の少しの間だけの開店ですが、そっとのぞいてみてください。

森のレストランを見るこどもたち

森のレストランに集まる昆虫たち
（埼玉県ふじみ野市文京学院大学にて）

②葉っぱあわせ、花あわせ（ラミネートカードでゲーム）

　木の葉っぱをラミネートしたカードを作ります。

　実物の木の下に行き、「この木の葉っぱはどれでしょう？」と聞きます。子どもたちは、自分が持っているカードの中からその木の葉っぱのカードを探し出します。いちにのさん！でみんなで出して、見せ合いましょう。簡単な観察図鑑を作って説明すると、いつのまにか、葉っぱを見ただけで木の名前がわかるようになっていきますよ。

この木の葉っぱと同じ
カードはどれでしょう？

 参考図書：『木の実とともだち』構成　松岡達英　絵と文　下田智美　偕成社
　　どんぐりの種類を調べたり、ほかの木の実を食べてみたいときにおすすめです。

トピック【自然の中で発展する遊び：バランスあそびの例】

　子どもの遊びは、誰にも教えられなくても変化していくことがあります。特に野外では、特定の遊びに特化した遊具を使って遊ぶわけではないので、新しい遊びへと変化していく様子がよく見られます。

　たとえば、丸太に乗ってバランスを取る遊び。森のなかで見つけたゆらゆらする丸太を置き、その上でバランスをとって歩いてみる遊びです。うまくバランスが取れないと、丸太ごとひっくり返ってしまいます。最初は大人が手をつないで補助してあげましょう。

サクラの木の根っこまわりの様子

　子どもたちは、まず、バランスを取って丸太に乗ることに夢中になります。次に、自由に丸太から乗り降りできるようになり、丸太を自分でゆらゆらと動かして遊ぶようになります。

　そうやっているうちに生まれたのが、サクラの木の根が地上に出ている部分を1周する競争です。途中で落ちたらやりなおし。子どもたちがみずから遊びのルールを作り出し、ぐるっと1周できるまで、何度でも繰り返して挑戦していました。

　このような全身を使ったあそびは、脳の発達にもよい影響を与えます。

(3) 川原に行ってみよう

＜はなめとたねきの大冒険〜川原に行ってみよう〜＞
　今日は、大きな川原にお出かけです。

　川の近くに来たら、土手の上を歩いてみましょう
　ふしぎに歌を歌いたくなりますよ。
　トトロの"さんぽ"がぴったり！
　初めて遠くまで歩く年少さんだって、がんばって歩けます。
　はなめちゃんもたねきくんも大きな声で歌っています。
　立ち止まって遠くを見てみましょう。
　川が流れるのは見えますか？
　草でいっぱいで見えないですか？
　川の上を白いコサギや黒いカワウなど、大きな鳥が飛んでいくところが見えますか？

　土手の草の背丈が小さければ、段ボールのそりに乗ってすべってみましょう。
　ひっくり返って大笑いしているのは誰？
　でも、ひっくり返ったら、まわりをよく見てみましょう。

　土手の下には1年中草がいっぱいあるのがみつかります。
　草がたくさんあれば、ぴーぴー吹いて鳴らしたり（カラスノエンドウ、スズメノテッポウ、ヨシなど）、ひっぱりっこしておすもうをとったり（スミレ、オオバコ）、花を編んだり（シロツメクサ）、種をとばしたり（カタバミ）、いろんな遊びができますね。

　草の中をよく見ると、虫もいっぱいいます。
　水の近くにはしっぽをピコピコ動かしている、ハクセキレイやキセキレイなどの鳥もいますよ。

　みんなで土手の草を見ながらすわりました。先生が、「自然のなかにいる生きものには、みんな役割があって、ごはんのじかんとそっくりな3つのかかりがいるのですよ」と話し始めました。「3つのかかりってどんなかかり？」はなめちゃんが聞きました。「3つのかかりはね、"つくるかかり"と"たべるかかり"と"かたづけるかかり"」
「ぼく、たべるかかりがいい！」たねきくんがいいました。
「そうだね、にんげんは、たべるかかりのいきものだね」先生がいいました。
「じゃあ、きょうは、自然のかかりのおはなしをしましょう」。

自然のかかりの仕事のおはなし

　自然の中には、「つくるかかり」のいきものと、「たべるかかり」のいきものと、「かたづけるかかり」のいきものがいます。

　「つくるかかり」のいきものは、えいようをたくさんつくります。
　まるで、ごはんをつくるおかあさんみたいです。
　そして、つくったえいようを、「たべるかかり」にどうぞと渡します。

　「たべるかかり」のいきものは、もらったえいようをたくさんたべます。
　まるで、ごはんをたべる子どもたちみたいです。
　そして、たべられないものやうんちを、「かたづけるかかり」にどうぞとわたします。

　「かたづけるかかり」のいきものは、残ったものをかたづけて、たくさんの小さいつぶつぶに変えます。
　自然の「かたづけるかかり」は、まるで、まほうつかいみたいです。
　そして、「かたづけるかかり」のいきものが作ったつぶつぶを、「つくるかかり」のいきものにどうぞと渡します。

　「つくるかかり」のいきものは、ちいさいつぶつぶをもらって、またたくさんのえいようをつくるのです。

　自然のかかりのお仕事は、みんなつぎのかかりにどうぞと渡すためのたいせつなお仕事です。そしてどうぞと渡すくりかえしは、いつまでもいつまでも続きます。

　これを、おとなのことばでは、循環と言います。

かたづけるかかり・つくるかかり・たべるかかり

おしまい

📖 参考図書：「川原に行ってみよう」の中には、いろいろな種類の生きものの名前やあそびが出てきます。これらを調べたいときに参考になるのが次の２つです。

あそび：『毎日の保育で豊かな自然体験！自然＊植物あそび一年中』　井出大著　学研
自然観察：『いきもののつながり‐環境紙芝居15のおはなし』下重喜代編　サステナブル・アカデミー・ジャパン

【解説】3つのかかりの仕事

　「つくるかかり」の草や木は、葉っぱの中でおかあさんのように毎日お料理をしています。その栄養で草や木はぐんぐん大きくなっていきます。
　「つくるかかり」の植物は、**生産者**と呼ばれています。

　自然の中には「たべるかかり」のたべたあとが見つかります。
葉っぱをよく見てみましょう。穴があいてるのが見つかるかな？
そう。草はだれかのごはんです。
食べたのは小さなイモムシ。
大きくなったらチョウチョやガになります。
イモムシは、小鳥のごはんです。
シジュウカラという小鳥は、1年間に12万5千匹もイモムシを食べるそうです。イモムシはたくさん生まれるけれど、小鳥がたくさんいれば、チョウチョになるイモムシだけを残してみんな食べてしまいます。小鳥が少ししかいなければ、イモムシがふえて木の葉っぱが全部なくなってしまうこともあるそうです。

　草を食べる虫、木の実を食べるリスやネズミ、虫を食べる小鳥、鳥を食べる大きなタカやイタチやキツネ、「たべるかかり」の生きものは、**消費者**と呼ばれています。

　「かたづけるかかり」の生きものは、落ち葉の下や土の中にすんでいる微生物です。シデムシやダンゴムシ、ミミズなどは、落ち葉や枝、動物の死骸を食べて、「かたづけるかかり」に協力しています。土の中では、目に見えない小さな微生物がたくさんいて、土のなかの栄養を草や木が根っこからすいこめるくらい小さなつぶつぶにしていきます。キノコも、枯れた木や葉を小さなつぶつぶにしていきます。「かたづけるかかり」の生きものは、**分解者**と呼ばれています。

　おうちや幼稚園、保育園でごはんを食べるときも、ごはんをつくるかかり、たべるかかり、かたづけるかかりがいますね。自然の中も、よく似ています。自然の中にも、お友だちや家族みたいな仲よしのつながりがあるのです。

　大自然の中にも小さな自然の中にも、どこに行っても同じ自然のかかりがいます。自然

のかかりのお話は、川原でなくても、どこで話してあげてもいいでしょう。ただし、緑の葉っぱと、それを食べる生きものと、土のあるところで話しましょう。そしてそこで、「つくるかかり」、「たべるかかり」、「かたづけるかかり」の生きものを探してみると、さらに理解が深まります。

 【やってみよう】自然のかかりをさがしてみよう

お話を聞いたら、まわりにある自然のかかりを探してみましょう。

①白いビニールクロスを広げて、木の枝などで3つに区切ります。
②「つくるかかり」の生きものを探して、「つくるかかり」の区切りに並べましょう。「つくるかかり」を見つけるヒントは、緑色の生きものです。草や木などの植物はすべて、「つくるかかり」の生きものです。
③「たべるかかり」の生きものを探して、「たべるかかり」の区切りに並べましょう。「たべるかかり」はもりもり食べる生きものです。虫や鳥や哺乳類などはみんな「たべるかかり」の生きものなのです。虫はルーペ付ケースなどに入れて並べましょう。鳥や哺乳類は捕まえられないので、絵のカードを用意しておきましょう。
④「かたづけるかかり」は落ち葉や土の中にいます。ダンゴムシやハサミムシなども、「かたづけるかかり」のお手伝いをしているので、この区切りに入れましょう。キノコも「かたづけるかかり」の生きものです。キノコを見つけたら、「かたづけるかかり」の区切りに置きましょう。そして、どさっと土も置いてみましょう。土の中には目に見えない「かたづけるかかり」の微生物がたくさんいて、目に見えない魔法のような仕事をしていることを話しましょう。

 トピック【外来種の話】

池や川にいる大きくなったミドリガメ。ザリガニ。川原に生えている黄色い花（セイヨウカラシナ、セイタカアワダチソウ）、みんな外国から来た生きものです。川や池には外国の生きものがいっぱいいます。でも、外国から来た生きものが強いと、日本にいた生きものの数が減ってしまいます。

写真のカメは、縁日でも売られている小さなミドリガメが大きくなったもの。本当の名前は、ミシシッピアカミミガメといいます。逃げ出したり、捨てられたりしたミドリガメが大きくなって増えました。そして、いままでいたクサガメはすっかり見られなくなりました。
外国から来た行きものが増えて、日本にいた生きものがいなくなってしまうなんて、みんなはどうしたらいいと思いますか？

生きものを飼ったら、最後まで面倒をみることが大切なことなのです。

大きくなったミドリガメ
（撮影：岩槻利光氏）

(4) 田んぼや畑に行ってみよう

＜はなめとたねきの大冒険～にんげんのごはん～＞

「自然の中に、つくるかかり、たべるかかり、かたづけるかかりがいるのはわかったけど、ぼくは木の葉をむしゃむしゃ食べないし、イモムシも小鳥も食べないよ！」たねきくんがちょっとごきげんななめです。

本当だね。たねきくんやはなめちゃん、おともだちが食べる毎日のごはんは、どこからくるのでしょう？おかあさんが魔法のように出してくれるのでしょうか？
いえいえ。みんなが食べるごはんの材料も、自然の中のつくるかかりが作ってくれているんですよ。

さあ、今日は田んぼと畑に行ってみましょう。
最初は田んぼです。
「ごはんはどこから来るでしょうか？」先生が聞きました。はなめちゃんはわからないという顔で先生を見ています。たねきくんは、「知ってる！田んぼから来るんだよ！」と元気に答えました。

田んぼでは、イネというごはんの実がたくさん実ります。イネには長い緑の葉っぱがついています。緑の葉っぱは、「つくるかかり」です。ごはんは、自然のなかの「つくるかかり」が作っているのですね。
イネの実を干して、ひとつぶひとつぶけずって、お米となってお店に届きます。おかあさんがお店からお米を買ってきて、おうちで炊いたらご飯のできあがり。

「じゃあ、きゅうりはどこから来るの？」とはなめちゃんが聞きました。たねきくんが、「畑！おじいちゃんの家にあるよ」と答えました。
田んぼのすぐそばの畑には、きゅうりとじゃがいもが実っています。じゃがいもは土の中、きゅうりは土より上です。よく見ると、どの野菜にも緑の葉っぱがついています。野菜は生きものの中の「つくるかかり」なのですね。野菜も、農家の人が1個1個大事に育てて取ってきたものが、お店に届きます。

「じゃあ、お肉やお魚はどうでしょう？」先生が聞きました。はなめちゃんが、ちょっ

と考えて、「お店で売ってる」と答えました。

　ニワトリや豚、牛は、食肉工場でみんなが食べるお肉の形になってから、お店に届きます。お魚は漁師さんが海でつかまえてきたのが、お店に届きます。

　ニワトリや豚や牛は、草やトウモロコシなどをたくさん食べて大きくなります。魚は、海の中の小さないきものを食べて大きくなります。

　お肉やお魚も自然の中の「たべるかかり」と同じだったのですね。

トピック【よい虫、わるい虫】

　田んぼや畑には、よい虫とわるい虫がいるのでしょうか？同じチョウチョの仲間でも、幼虫のうちは野菜を食べてしまう悪い虫、成虫になると花粉を運ぶよい虫と思われています。

　そして田んぼや畑では、たくさん収穫するために、薬をまいて、虫を殺してしまいます。その薬は、子どもたちの体にもよくない化学物質が入っています。

　でも、体に悪い物質を食べないために、薬を使わない田んぼや畑があります。

有機栽培の畑にいた虫
（デンマーク）

　「無農薬の野菜」「有機栽培のお米」などです。

　葉っぱに穴があいているのを見たことありますか？

　葉っぱに穴をあけるのは、小さな虫たち。チョウチョになる芋虫や毛虫、バッタ、甲虫など、いろいろいます。

　この写真は、デンマークで見た有機野菜の畑の写真です。真ん中に黄色と黒の毛虫がいるのがわかりますか？虫たちは、人にみつからないようにこっそり暮らしています。虫が食べられる野菜は、人間にも害はありません。

　人間は、穴のあいていない野菜をつくるために、化学物質でできた農薬を作り出しました。でも、虫を殺してしまう農薬は、人間にも安全ではありません。子どもたちの中で問題となっている多動性（ADHD）も、農薬の中に含まれるネオニコチノイドが原因のひとつであるとも言われています。1960年代のアメリカでは、海洋生物学者のレイチェル・カーソン氏が、農薬が鳥たちの命を奪い、やがては人間にも影響するだろうと予測した『沈黙の春』という本を書きました。化学物質が無配慮に自然の中に放出されることへの警鐘を鳴らしたこの本は、アメリカで農薬（DDT）の使用を制限させるほど社会に影響を与えました。ネオニコチノイドは日本ではまだ制限されておらず、子どもたちの食への配慮が必要ではないかと思います。

　無農薬の野菜は、虫たちと分け合って食べる野菜です。野菜を自然の生きものとはんぶんこして食べるのって楽しいと思いませんか？

参考図書：『沈黙の春』レイチェル・カーソン　新潮文庫

Chap Ⅱ　太陽・水・風　編

　Chap Ⅱでは、はなめちゃんやたねきくんと一緒に見てきた自然のしくみ、3つのかかりのお仕事を、もっと詳しくご紹介しましょう。3つのかかりの詳しいお仕事は、それぞれがおはなしになっています。また、自然のしくみを確かめる方法や実験もご紹介しています。子どもたちが興味を持ったら、実験を通じて自分の目で確かめることができます。ぜひ、お試しください。

1. 太陽と植物（「つくるかかり」の光合成のはなし）

　地球上にエネルギーをもたらすものは太陽です。植物は、太陽のエネルギーをすべての生きものが使う栄養に変える光合成を行っています。この栄養は、植物が大きくなるためにも使われますし、動物に食べられて動物が大きくなるためにも、動物が動き回るためにも使われる栄養です。すべての生きものが生きていくために必要な栄養を最初に作っているのが植物です。それで植物は「つくるかかり」と呼ばれるのです。
　ではここで、「つくるかかり」のクロロフィルママの仕事をくわしくお話ししましょう。

クロロフィルママの仕事のおはなし

　緑の葉っぱの中にはお仕事をしているクロロフィルママがいます。クロロフィルママのお仕事はお料理を作ることです。きょうは、クロロフィルママがどんなお料理を作るか、お話ししましょう。

　おや？クロロフィルママが、おなべをもってきましたよ。

　お料理の材料は2つです。
　ひとつめは、根っこから吸いあげた水。ふたつめは、みんなが「ハーッ」と吐いた空気（二酸化炭素）です。
　クロロフィルママは、根っこから吸いあげた水とみんながハーッと吐いた空気（二酸化炭素）をたくさんたくさん集めて、おなべにいれます。

　そしておなべをあたためるのが太陽の光のエネルギーです。
　ふたをして、しばらく煮込みましょう。

Chapter II
太陽・水・風 編

　　ぐつぐつぐつぐつぐつぐつぐつぐつ・・・

　できたかな？
　まーだまだ。
　できたかな？
　まーだまだ。
　できたかな？
　もうできた！

　おなべの中で出来上がるものも２つです。ひとつめは、葉っぱが大きくなるための栄養、ふたつめは、みんなが「スーッ」と吸いこむおいしい空気（酸素）です。
　みんなは、クロロフィルママがいるから、おいしい空気（酸素）を吸うことができるんだね！

　あれれ？ちょっと待って。
　クロロフィルママのお料理には、みんながハーッと吐いた空気が必要です。
　そして、みんなは、クロロフィルママがつくったおいしい空気が必要です。
　みんながいないと、クロロフィルママが困っちゃう。クロロフィルママがいないと、みんなが困っちゃう。
　クロロフィルママも、みんなのおかあさんと同じだね。
　みんなはおかあさんがいないと困っちゃう。おかあさんもみんながいないと困っちゃう。
　緑の葉っぱとみんなは、家族みたいになかよしだったんだね。
　これからも、緑の葉っぱのついた草や木となかよくしていこうね。

　　　　　　　　　　　　　　　　　　　　　　　　　　　　おしまい

　クロロフィルママのお話をもとに、紙芝居やペープサート、パネルシアターなどを作って子どもたちに話してあげると、光合成がもっとよくわかると思います。お話を通して「つくるかかり」の植物を大切にする気持ちを育成していきましょう。

【やってみよう】 みんなの食べものを作っているのはだあれ？

　すべての食べものが、クロロフィルママの仕事でできています。食べものがどこから来るのか、始めまでたどっていって、確かめてみましょう。先生は子どもたちに、こんなふうに問いかけてください。（ここではカレーライスが登場しますが、ハンバーグでもオムライスでも、好きな食べものでやってみましょう。）

先生：「カレーライスの材料は？（カレーライスの歌を歌ってもよいでしょう）」
子どもたち：「じゃがいも、たまねぎ、にんじん、牛肉・・・」

先生：「じゃがいもは、どこでできるでしょうか？」
子どもたち：「畑、土の中。」
先生：「じゃがいもも、土の上には緑の葉っぱがあるのを知ってる？」
子どもたち：「知ってるー！」
先生：「緑の葉っぱの中にいるのは？」
子どもたち：「クロロフィルママー！」
先生：「そう！じゃがいもには、クロロフィルママが作った栄養がいっぱい入っているんだよ」

このような問いかけを通じて考えていけば、野菜や穀物はすべて、クロロフィルママの栄養でできているということがわかります。

先生：「じゃあ、牛肉は？」
子どもたち：「牛の肉だから、クロロフィルママの仕事じゃないよ」
先生：「牛は何を食べるかな？」
子どもたち：「草！」
先生：「草の葉っぱの中でお仕事しているのは？」
子どもたち：「クロロフィルママー！クロロフィルママってすごーい！」
先生：「牛肉も、もとをたどっていけば、クロロフィルママの作った栄養でできているんだね。」

このような問いかけから、すべての動物のすべての食べものが、クロロフィルママの作った栄養でできていることがわかります。植物を大切にしなければならないことも、同時に理解できることでしょう。

2．食物連鎖と物質循環（「たべるかかり」のはなし）

「たべるかかり」の生きものはみんな、食べる‐食べられるの関係でつながっています。これを食物連鎖といいます。

雑木林では、草や木の葉っぱの中にいるクロロフィルママが栄養を作っています。「つくるかかり」のクロロフィルママが作る栄養はごはんの栄養、土の中には「かたづけるかかり」が作ったおかずの栄養がちいさなつぶつぶになっています。
さて、この２つの栄養、「ごはんの栄養」「おかずの栄養」とはどのようなものでしょうか。クロロフィルママが作る「ごはんの栄養」は、光合成で作られる糖類で、エネルギーとして使われる栄養です。「おかずの栄養」は無機塩類のことで、「かたづけるかかり」が土の

中で分解してできたものです。畑で使われるリン酸、カリウムなどの肥料と同じ成分です。
　木や草は、おかずの栄養を根っこから吸い上げ、葉っぱで作られたごはんの栄養とあわせて、大きくなっていきます。大きくなった葉っぱを、チョウの幼虫のイモムシが食べます。イモムシを小鳥のシジュウカラが食べます。シジュウカラを大きなタカ、オオタカが食べます。自然の中では、こんな命のリレーがあるのです。

　子どももおとなも、ご飯や野菜、お肉やお魚を食べますよね。いろんなものを食べて生きていくのは、雑木林の生きものと同じです。
　いきものはすべて、命のリレーをしながらいろんないきものとつながっています。食べることは命をいただくこと。そして、命を大切にすることなのです。
　そしてそんな命のリレーにも、「くりかえしくりかえし」の循環があります。

雑木林の食物連鎖

森の中の循環のおはなし

　緑のはっぱの中にはクロロフィルママがいて、毎日栄養を作ります。この栄養と土の中の栄養を使って、木や草はどんどん大きくなります。

　葉っぱをイモムシが食べました。むしゃむしゃむしゃむしゃ食べました。

葉っぱの中の栄養は、イモムシの中に移ります。

イモムシを小鳥が食べました。むしゃむしゃむしゃむしゃ食べました。
イモムシの中の栄養は、小鳥の中に移ります。

小鳥を大きなタカが食べました。むしゃむしゃむしゃむしゃ食べました。
小鳥の中にあった栄養は、大きなタカの中に移ります。

大きなタカが死んだとき、タカは地面に落ちました。タカの体を、カラスや土の中にいるたくさんの虫たちが食べました。たくさんの虫たちが食べた栄養は、小さな魔法使いが小さなつぶつぶに変えました。小さなつぶつぶは土の中に入って、木や草のおかずの栄養となります。

小さなつぶつぶになったおかずの栄養は、もう一度、草や木の根から吸い上げられました。そして、クロロフィルママの作ったごはんの栄養とあわせて、木がどんどん大きくなっていくのです。

森の中では、このくりかえしがずっと続いています。このくりかえしを止めないようにしたいですね。

おしまい

　食べる - 食べられるの関係は、子どもには残酷と思われるかもしれません。でも、昆虫も鳥も哺乳類も、すべての動物が食べることで命をつないでいます。しかしながら、現代の子どもたちは、人間も他の動物と同じであることを知る機会が少ないようです。この話は自然の循環を伝えるために必要な話なので、きちんと伝えてあげてください。
　「むしゃむしゃ」のところは、「ぱくっと」とか「もぐもぐ」など他の食べる擬態語に変えてもよいでしょう。
　お話をもとに、いろいろな表現方法で、子どもたちに伝えましょう。土の中の話までは出てこないのですが、『たべることはつながること』という絵本が参考になります。

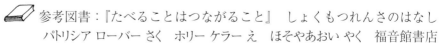 参考図書：『たべることはつながること』　しょくもつれんさのはなし
パトリシア ローバー さく　ホリー ケラー え　ほそや あおい やく　福音館書店

【やってみよう】 ミニ地球を作ろう

地球の循環のしくみと同じものを、ビンのなかに作ることができます。

≪作り方≫
　透明のガラスのビンを用意します。草の生えている場所に行って、ビンに土を入れます。草や花などの植物も、土と一緒に根っこごと入れ、水を少しだけ入れます。最後にぎゅーっとふたをして、密閉します。これでミニ地球は完成です。
　外に出て、実際に作ってみましょう。

草や土を取った場所と同じくらいおひさまの当たるところに置いて、毎日観察しましょう。
　水もやりません。空気も入れかえません。草は、元気がなくなってしおれてしまうのでしょうか。

夏に作ったミニ地球

次の年の春も草がいっぱい

8カ月後

　ミニ地球は上手に管理すれば、何年たっても中に緑色の草が生えています。新しい空気も入れないし、水もやっていないのに、なぜ、全部の草が枯れてしまわないのでしょう？
　子どもたちと一緒に考えてみましょう。
　草や木が大きくなるときのクロロフィルママの仕事を思い出してみましょう。クロロフィルママがお料理をするために必要なのは、みんなのハーっと吐いた息と水、そして太陽の光です。ビンの中にそれはあるでしょうか？
　緑の草も、みんなと同じように息をしています。土の中には小さな虫たちがいます。草

や虫がハーッと息を吐いているのです。それから、ビンの中に入れた水は、葉っぱの裏から出てくる水蒸気が雨のように土の中に入って、草の根から吸い上げられます。太陽の光を当ててあげることが、いちばん大切なことです。太陽の光が多すぎるとビンの中が熱くなって草が枯れてしまいます。光が足りないと草が育ちません。ミニ地球でいちばん気をつけなければならないのは、太陽の光にどのくらい当てるかという管理です。

ミニ地球の中で草が新しい芽を出して育っているのは、小さなビンの中に、地球と同じくりかえしの循環ができているからなのです。

3. 落ち葉の下の生きもの、土の中の生きもの
　　　　　　　　　（「かたづけるかかり」の分解のはなし」)

落葉の下や土の中にはたくさんの生きものがいます。
土の中の生きものは、自然の中の「かたづけるかかり」です。
「かたづけるかかり」の生きものは、落ち葉を木や草が栄養として使えるような小さなつぶつぶに変えていきます。土の中にすむ生きものひとりひとりは小さいけれど、みんなが集まったら、その量は地上のいきもの全部と同じくらいかそれよりも多い量になります。

落ち葉の下にいる魔法使いのおはなし

落ち葉の下には何があるでしょうか？
（土！という答えが出たら正解。出なかったら、次のページにある葉っぱのグラデーションを使って、落ち葉が最後に土になることを話しましょう）
そう、土ですね。
みんなの知らない落ち葉の下や土の中には、小さな小さな魔法使い、バクテリアのバクさんが住んでいます。
ひとりひとりは小さくて目には見えません。ルーペを使っても見えません。
でも、落ち葉の下や土の中にはものすごく大ぜいのバクさんたちが住んでいるのです。魔法使いバクさんのお仕事は、土の栄養をつくることです。クロロフィルママがつくる栄養がごはんの栄養なら、バクさんのつくる栄養はおかずの栄養です。
バクさんたちは土の中に大ぜいいるのですが、からだが小さいので、なかなか仕事が進みません。そこで、落ち葉の下の生きものたちに応援を頼みました。

「誰か、落ち葉を土の栄養に変えるのをてつだってくれませんか？」
「わたしたちがてつだいましょう」
ミミズとダンゴムシとカブトムシの幼虫が言いました。
たくさん落ちていた落ち葉は、ミミズとダンゴムシとカブトムシの幼虫が食べて、あたらしい土を作りました。

Chapter II
太陽・水・風 編

「誰か、死んでしまった虫や動物のからだを土の栄養に変えるのをてつだってくれませんか？」
「わたしたちがてつだいましょう」
アリとシデムシが言いました。
アリが虫のからだを巣の中に運んで食べて、あたらしい土を作りました。シデムシが、動物のからだを食べて、あたらしい土を作りました。

みんなが手伝ってくれたので、魔法使いのバクさんたちは、あたらしい土から木や草が根っこから吸い上げるおかずの栄養を作ることができました。

最後にバクさんが呼びかけました。
「誰か、ここに落ちている木の切り株を土の栄養に変えるのをてつだってくれませんか？」
「わたしがてつだいましょう」
キノコちゃんが言いました。
切り株にキノコちゃんがはえてくると、硬かった木がやわらかくなって、あたらしい土のようになりました。実は、キノコちゃんは、バクさんと同じように木や草のためのおかずの栄養を作る魔法が使えるのです。キノコちゃんはたくさんの栄養を作ってくれました。

木や草は、魔法使いのバクさんやキノコちゃんたちがつくったおかずの栄養と、クロロフィルママが作ったごはんの栄養を使って、どんどん大きくなっていきました。

おしまい

葉っぱのグラデーション

「循環」を子どもたちが拾ってきた葉っぱで示してみましょう。
　紅葉の季節に、子どもたちに葉っぱを1枚ずつ持ってきてもらいます。持ってきた葉っぱは色とりどり。集まった葉っぱを、緑から茶色までグラデーションになるように並べます。これが、葉っぱの一生を表します。植物の葉は、緑から黄色に、そして赤になり、枯れて茶色になり、最後は土になります。そしてその土に種が落ちると、再び芽が出て緑の葉をつけて、葉っぱの一生がまた始まるのです。

Chapter Ⅱ
太陽・水・風 編

【やってみよう】森のドアを作ってみよう
　　　　　：バクさんや土の中の生きもののお仕事が見えるよ

　土に還るものと還らないものをおしえてくれる、森のなかの秘密のドアです。
森のドアを作ったら、1か月に1回、ドアをノックして開けてみましょう。

≪作り方≫
①ドアにする板を探しましょう。釘が打てるものであれば、どんな板でもかまいません。
②ドアを開けるための取手をつけましょう。取手は、ホームセンターなどに行けば200円くらいで買うことができます。
③ドアの裏側に、「かたづけるかかり」が分解できるか調べたいものを釘で打ちつけます。果物や野菜の皮、空き缶のふた、プラスチック容器のふた、紙など、好きなものを打ちつけましょう。後でどんなものを打ちつけたかわかるように、打ちつけたものの名前と、森のドアを作った年月日を書くのも忘れずに！

④森の中の好きな場所に、いろいろな物を打ちつけた面が地面にくっつくようにして置きましょう。落ち葉がかぶってもわかるように、看板をつけるとよいでしょう。
⑤3か月後、1年後にドアを開けて見ましょう。

　3か月たつと、プラスチックや金属はそのままですが、くだものや野菜が消えてしまいました。1年後にはどうなるでしょう？

　土に還る様子を絵本にしたものが「くさる」です。森のドアを作るときに参考になるでしょう。

　　　　　　　　　参考図書『くさる』なかの　ひろたか　さく　福音館書店

【やってみよう】 森のドアから消したのはだあれ？

　森のドアからくだものや野菜を消してしまったのは誰なのでしょう？こんな方法で探すことができます。森のドアの下にある落ち葉や土をふるって白いビニールクロスの上に落としてみましょう。

　最初は砕かれた落ち葉のように見えますが、しばらく待つと、ごそごそ動きだします。動きだしたのは、ダンゴムシ、ハサミムシ、クモ、アリ、小さなダニの仲間（人の血をすうダニではありません）など。実体顕微鏡があれば、カニムシやトビムシなども見ることができます。

  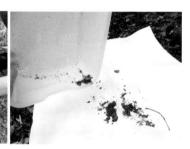

　落ち葉の中には、小さな生きものがたくさんいます。
　森のドアから消えてしまったものは、「かたづけるかかり」のお手つだいが食べて、うんちを出して土にしてしまいました。みんながよく知っている「かたづけるかかり」のお手つだいは、アリやミミズやダンゴムシですね。葉っぱをもりもり食べて土にするのは、ミミズやダンゴムシたちのお仕事です。
　そして、目に見えない小さなバクテリアのバクさんが、みんなで作った土を草や木の栄養に変えてくれるのです。

 【やってみよう】 ダンゴムシを飼ってみよう！

　ダンゴムシは、1週間でどのくらいの葉っぱを食べるでしょうか？最初に子どもたちと予測を立てから、飼って確かめてみましょう。

≪飼い方≫
①プラスチックのケースに、水を含ませたティッシュを敷く。
②サクラの葉などの落ち葉を1枚乗せる。
③ダンゴムシを5～6匹入れる。
④ふたに空気が通るすき間がなければ、小さな穴をあける。
⑤ダンゴムシを飼育しているケースはふたをしめて、ケースがすっぽり入る箱などに入れて、暗くしておきましょう。
⑥毎日観察すると、葉っぱに小さな穴があいて、それがどんどん広がっていくのがわかり

ます。1週間たったら、ダンゴムシがどのくらい葉っぱを食べたか、最初と比較してみましょう。

最初の日　　　　　　　　　　　1週間後
（小さなつぶつぶは、ダンゴムシのうんちです）

参考図書：『ぼく、だんごむし』 得田之久文／たかはしきよし絵　福音館
ダンゴムシについて、もっとよく知りたくなったら読んでください。

トピック【菌のはなし】

　わたしたちは目に見えない生きもの「菌」と共に生きています。空気の中にも「菌」はたくさん飛んでいるし、水の中にも、土の中にもたくさんの「菌」がいます。目には見えないけれど、一緒に暮らしている仲間です。時々人間の体に悪い菌もあるけれど、よい菌、守ってくれる菌もたくさんいるのです。おしょうゆも味噌も、パンも、チーズやヨーグルトも、みんな「菌」の力でおいしくなる食べ物です。私たちの顔にも、手のひらにも、口の中にも、たくさんの菌が住んでいます。顔や手のひらにいる「菌」の多くは、バリアとなって皮膚を守ってくれる「菌」です。口の中やおなかの中にも、外から入ってくる菌と戦って守ってくれる「菌」が住んでいます。

　衛生ということばは、本来健康や生命を衛（まも）るという意味ですが、最近では、清潔という意味に取って代わってしまいました。清潔のために、人間の体によい菌も悪い菌も見境なく殺しているのが除菌です。感染症を引き起こす「菌」が増えているときには清潔にすることが大切ですが、日ごろからの除菌は、少し神経質になりすぎていませんか？何でもすぐに除菌するのではなく、きちんと考えて、本当に必要なときだけにしてはいかがでしょう。わたしたちを守ってくれる菌を殺してしまうこともあるのだから。

　　　参考図書：「いきものがたり」Think the Earth プロジェクト　ダイアモンド社

4. 森の生態系（生態系ピラミッド）

　森の中の「つくるかかり」「たべるかかり」「かたづけるかかり」の生きものは、助けあって生きています。このつながりのことは、「生態系」と呼ばれています。生態系の様子を絵にすると、この生態系ピラミッドの絵のようになります。

生きもののつながりの関係を生きものの数や量で表したのが「生態系ピラミッド」です。

　森の生態系ピラミッドは、「つくるかかり」の植物の上に、「食べるかかり」の草を食べる虫が乗って、その上に虫を食べる小鳥が乗って、最後に小鳥を食べる大きなタカが乗っています。生きものの数や量は、ピラミッドの上に行けば行くほど少なくなっていきます。上に乗っている生きものが生きていくためには、下でささえる生きものがたくさんいなければなりません。それを表したのが生態系ピラミッドなのです。

　このしくみは、海の生態系も、森の生態系も、草原の生態系もみんな同じです。どの段階の生きものがいなくなっても、生態系は壊れてしまいます。だから、すべての生きものが大事なのです。

【やってみよう】紙コップで生態系ピラミッドシアターを作ろう

≪用意するもの≫
・紙コップ　10個。
・紙コップが4個乗る箱。この箱に紙コップを重ねてしまっておきます。
・絵を描く道具（クレヨン・マーカー・水彩・ポスター絵の具など）。紙。のり

≪作り方≫
紙に森でみつけた植物、虫、小鳥、タカの絵を描きます。紙コップをさかさまにおいて、横に絵を貼りましょう。これを植物4個、虫3個、小鳥2個、タカ1個作ります。そして、写真のように重ねます。これが生態系ピラミッドの完成版です。森でなくても、原っぱや公園、川や海でも同じようなピラミッドを作ることができます。生きものが見つけられなかったら、本で調べて、そこにいると思われる生きものを描きましょう。

絵を描くときに注意すること

　1段目には植物、2段目には植物を食べる生きもの、3段目には虫などの動物を食べる生きもの、4段目に森で一番強い生きものを描きましょう。2段目には虫だけでなく、キジバトなどの植物だけを食べる鳥を入れてもかまいません。3段目には、カマキリやテントウムシ、トンボなどの虫を食べる虫を入れてもかまいません。

　子どもたちと絵を描くときは、図鑑を見て、確かめながら描くとよいでしょう。カマキリやテントウムシやトンボ、キジバトの絵を描く子がいたら、それぞれ正しい段に乗せてあげてください。「虫なのに鳥と一緒の段にいる」と気づく子がいたら、「虫だけれど他の虫を食べるからこの段にいるんだよ。よく気づいたね」とほめてあげましょう。

　最後に、細長い紙に、ミミズ、ハサミムシ、ダンゴムシ、アリ、小さなクモ、ヤスデなど、落ち葉の下にいるような生きものの絵を描きましょう。この絵は、子どもたちに内緒で描いておいて、ピラミッドを乗せる箱の子どもたちに見せる側に貼ります。土の中の生きものの絵は紙などで隠しておいて、めくれば下の絵を見せられるようにしましょう。

≪紙コップシアターの説明≫

① 森の生態系のおはなしをしましょう。生態系とは、生きもののつながりのことです。
② 森のなかで、最初に栄養をつくるのは、木や草です。木や草は植物と呼ばれていて、お仕事は、「つくるかかり」です。「つくるかかり」の植物は、緑の葉っぱの中にクロロフィルママがいて、みんながハーッと吐いた空気と水を使って、栄養とみんなが吸うおいしい空気を作っています。(話しながら、1段目を重ねます)。
③ 次に虫たちが、葉っぱや花の蜜を食べにきます。1番目の「たべるかかり」です。(話しながら、2段目を重ねます)。
④ その次に、小鳥たちが虫を食べにきます。2番目の「たべるかかり」です。(話しながら、3段目を重ねます)。
⑤ その次に、大きなタカが小鳥たちを食べにきます。3番目の「たべるかかり」です。(話しながら、4段目を重ねます)。これで森の生態系ができました。森の中で1番たくさんいる生きものは草や木です。上の段にいくほど少なくなっていき、1番少ないのが、大きなタカです。このピラミッドは、上から押しても崩れません。生きものたちが、強い力で結ばれているからです。(上から押してみてください。ただし、うまくバランスをとらないと崩れるので注意して押しましょう)。

⑥ でも、この中でだれかがいなくなったらどうなるでしょう？どれでもいいからコップをひとつ取ってみてくれる？(ピラミッドが崩れる) うわあ！どうしよう。崩れないようにできるかな？(これをくり返し、どのコップがぬけても崩れてしまうことを確認する) 誰がぬけてもだめなんだね。森の生きものはみんな大事な生きもの、

⑦

だれかがいなくなると、森の生態系が小さくなってしまうのです。

⑦　では、崩れて小さくなってしまった森はもうおしまいでしょうか？実は、土の中には小さな生きものがいっぱいいて（ここで土の中の生きものを隠していた紙をめくる）、死んでしまった木や草や動物の体を小さな土の栄養のつぶに変えていきます。「かたづけるかかり」の登場です。

⑧　「かたづけるかかかり」が小さなつぶつぶにした栄養と「つくるかかり」がつくった栄養で、木や草が増えていきます。

⑨　「たべるかかり」の虫がやってきます。「たべるかかり」の小鳥も現れました。

⑧　⑨

大きなタカがすめるようになれば、森はもとどおりになります。でも、森がもとどおりになるためには、100年くらいかかってしまいます。みんなも、おじいさん、おばあさんになってしまうね。森がもとにもどるのを見られないかもしれないね。もとにもどるのに、とてもとても長い時間がかかるので、森の生きものは、大切にしてあげましょうね。

5. 水の循環

　宇宙から見た地球が青いのは、地球の70％が海だからです。たくさんの水でおおわれている地球の上では、水も循環しています。でも、わたしたち動物が使うことのできる水は、すべての水のたった0.01％と言われています。水も大切にしたい地球の資源なのです。水を大切にするにはどうすればよいでしょう。自然の循環と同じように、水の循環のことをよく知って、循環が止まらないようにすることが大切です。

　水はいろんな形になります。コップに入れたらコップの形、やかんに入れたらやかんの形、水筒に入れたら水筒の形。湯気になってふわふわ広がっていくこともあります。どうしていろんな形になるのでしょう？

　それは小さな小さなしずくちゃんが集まって、手をつないだり、くっついたり、ばらばらになったりしているからです。細長くなったり、丸くなったり、ひとつぶひとつぶになったりして、形を変えているのです。

　しずくちゃんは、集まったりばらばらになったりして、雲になったり雨になったりしながら、旅をしています。寒い海では、氷になることもありますよ。

　子どもたちに伝える時、水の循環の絵を見ながら、こんなおはなしをしてみましょう。

Chapter Ⅱ
太陽・水・風 編

しずくちゃんの旅

　みんながよく見るしずくちゃんは、雨のしずくちゃん。雨は空の雲からふってきます。雲は、しずくちゃんがたくさんあつまってできているのです。
しずくちゃんの旅は、雲の中から始まります。

　雲の中にたくさん集まったしずくちゃん、とうとう雨になってぽつぽつ降っていきました。雨になって山についたしずくちゃんは、地面をちょろちょろ流れていきました。

　地面をちょろちょろ流れて川についたしずくちゃんは、大きな川にたどりつき、川になってどんどん流れていきました。ときどき魚がはねます。しずくちゃんもびっくりしてばしゃっとジャンプしてしまいました。

　川は流れて海につきます。しずくちゃんは、ちゃぷんちゃぷんとゆれる波になりました。
　そんな海をお日様がぽかぽか照らすと、しずくちゃんの体は軽くなって、空にふわふわのぼって行きます。

　空にのぼって行ったしずくちゃんは、また集まって雲を作るのです。
　さあ、雲の中からまた、雨になったしずくちゃんが降ってきますよ。

おしまい

子どもたちが遊んでいる様子を上から見ていると、くっついたり離れたり、形を変える水にそっくりです。

ひとりひとりがしずくちゃんになって、しずくちゃんの旅をみんなで表現してみましょう。

青い折り紙でしずくの形を作って、胸にぺたりと貼りましょう。

さあ、みんな、ひとりひとりがしずくちゃんです。
集まって雲になりましょう。
ばらばらになって、雨になりましょう。
つながって、川となって流れましょう。
大きな海では輪になって、波をつくりましょう。
そしておひさまが照らしたら、ふわふわおひさまのほうにのぼって行きましょう。
そしてまた集まって、雲になりましょう。

　雨の日には、部屋の中や廊下、ホールなどに、雲、山、川、海、太陽のコーナーを作って、しずくちゃんの旅をみんなで表現してみましょう。それぞれのコーナーには先生がいて、全部のコーナーを一周すると最初のコーナーに戻れるようにします。スタンプラリーにしてもよいでしょう。しずくちゃんたちは、ちゃんと最初のコーナーに戻ってこられるでしょうか？ 寄り道したり反対まわりをしても大丈夫。本物のしずくちゃんたちも、自由に動いています。

　しずくちゃんの旅を体で表現した後、本物のしずくを探しに外に出ましょう。どんなしずくちゃんが見つかるかな？

 トピック【森は海の恋人】

　海にいるカキの養殖をしていたおじさんは、ある年からカキが大きく育たなくなることに気づきました。でも、海はとてもきれいです。おかしいなと思ったおじさんは、川をたどって山に行ってみました。山に行くと、以前は大きな森のあったところの木が切られて、はげ山になっていました。おじさんは、きっとはげ山にしてしまったことがいけないのだと思い、山に木を植え始めました。木が大きくなって森ができたころ、カキも大きく育つようになりました。

　たくさんの木が育つ森の土は、栄養たっぷりです。その土の栄養は、川を流れて海まで届けられていたのです。

　遠くにあって関係ないと思われていた森と海は、川を通じてつながっていました。それで森は海の恋人と呼ばれるようになったのです。そして、川で栄養を運んだのは、しずくちゃんの力ですね。

参考図書：『森は海の恋人』畠山 重篤 (著)　文春文庫

大地編、太陽・風・水編のおわりに

　大地編、太陽・風・水編では、子どもたちに伝えたい自然のしくみについて、基本的な知識を紹介してきました。おはなしをいくつか入れて、むずかしい科学的な内容を擬人化してわかりやすく伝えるように努めました。科学や理科の話が少し苦手な先生やおかあさんも、おはなしとして、子どもたちに伝えてあげてください。自然の中でくりかえされることが、自然の循環そのものです。子どもたちには、何度でもくりかえしてお話ししてあげてください。

　自然の中の約束は、大人になって「地球市民」として行動するときに振り返ってほしい約束です。大きな建造物を作るとき、樹木や草をすべて取り払ってよいかを考えてほしいと思います。私たちの行動が動物たちの生きられる環境を奪っていないかを考えてほしいと思います。土に還らない化学物質をたくさん自然の中にまき散らすことが、想像を超えるたくさんの命を奪っていることに気づいてほしいと思います。土の中の生きものがたくさん生きられるような田んぼや畑を作ってほしいと思います。

　そして、自然の中にはもっとたくさんのおはなしがあります。それはまた別のところでご紹介できることを願っています。

Chap Ⅲ　保育　編

　Chap Ⅰでは、「おひさまこども園」にいる3歳のはなめ（花芽）ちゃんと5歳のたねき（種樹）くんのふたりが主人公でした。そして子どもたちに、人間は生物であって、わたしたちの生活は自然がなくては成り立たないことを伝えようとしました。

　ここからは、子どもの成長とその支援について学んでいる学生や、子どもたちと共にいて「保育する人」に向けてお話していきたいと思います。

　いま保育の活動を通して「自然には多様性があり、自然は循環しているけれども、同時に地球は有限である」ことを子どもたちに伝えていくのが新しい課題となっています。

　この章では、持続可能な社会をつくる「地球市民」の育ちのために大切な学びとは何か、主に「幼保連携型認定こども園教育・保育要領」を見ながら考えていきましょう。

Chapter Ⅲ
保育 編

1. "センス・オブ・ワンダー（Sense of wonder）"を大切にする
～五感で自然とふれあう～

【引用】「もしも私が、すべての子どもの成長を見守る善良な妖精に話しかける力をもっているとしたら、世界中の子どもに、生涯消えることのない『センス・オブ・ワンダー＝神秘さや不思議さに目をみはる感性』を授けてほしいとたのむでしょう。」

そして、「妖精の力にたよらないで、うまれつきそなわっている子どもの『センス・オブ・ワンダー』をいつも新鮮にたもちつづけるためには、わたしたちが住んでいる世界の喜び、感激、神秘などを子どもといっしょに再発見し、感動を分かち合ってくれる大人が、すくなくともひとり、そばにいる必要があります。」と、レイチェル・カーソン（注1）は言いました。

子どもは、自然の不思議さに驚き、自然に触れることを喜び、さらに探求しようとする意欲をもっています。こうした子どもの感情や意欲に寄り添って、子どもと「自然を再発見し、感動を分かち合う」その大人のひとりになりたい、と思いませんか？

（注1）『センス・オブ・ワンダー』レイチェル・カーソン著
アメリカの海洋生物学者・農薬の使用に警鐘を鳴らした『沈黙の春』で世界中に知られています。（P30 参照）甥のロジャーに残したこの珠玉の一遍が絶筆となりました

さて、レオナルド・ダ・ヴィンチは、自然を熟知していた天才的芸術家として世界的に有名ですね。

彼に生涯消えることのなかった旺盛な自然探求心は、彼が幼少期を過ごしたイタリア北部、ヴィンチ村の美しい田園での体験に根ざしているといわれます。

彼もはなめちゃんやたねきくんのように幼いときから、身近な自然と親しみ、空の雲を眺めたり、飛ぶ鳥や水の流れをみつめたりしては、"sense of wonder"をとても強く感じていたはずです。

レオナルドが描いた「樫の葉の小枝」と「草花」のデッサンを見てください。
身近にあるどんぐりと草花をよく見つめて、美しく描いていますね。

どんぐりの実はどんなふうに葉っぱについているのかな？葉っぱのうねり方が面白いな！なんだか水の流れにも似ているぞ・・・そんな彼の声が聞こえてくるような気がしませんか？

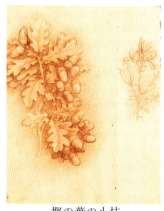 

樫の葉の小枝　　　　　草花（レオナルド・ダ・ヴィンチ画）

Royal Collection Trust/© Her Majesty Queen Elizabeth II 2015

　五感を使った体験を通して、身の周りの世界の何もかも把握したい、という好奇心でいっぱいの子どもたち。

　子どもが自然の中で体験したことは、レオナルドがそうだったように、一生忘れられないものになるでしょう。はなめちゃん、たねきくん、"sense of wonder" を大切にして、先生と一緒に心が動く自然体験をいっぱいしましょうね！

 ## トピック

　レオナルド・ダ・ヴィンチが生きたイタリアのルネッサンス期は、革新的な文化運動の時でしたが、同時に「大航海時代」でもありました。

　今まで手に入らなかったような様々な珍しい物、肌の色も言語も違う民族との接触、それに伴って新しいものの見方など、おとなになったレオナルドにとっても興味深い、新しいことがたくさんあったことでしょう。

　けれども20C後半には、レオナルドの時代とは比べられないほどモノもお金も人も情報も地球規模で動くようになりました。

　先進国では物質的に豊かで便利な生活ができるようになりましたが、それと共に環境問題が拡大し、地球規模で見た場合の資源の限界が見えてきたのがわたしたちの時代です。

　このような有限な地球の上で、「持続可能な社会をつくる」ためにレオナルドだったら、どうするでしょう。

　そんなことを想像しながら、幼児期の子どもの教育に自然のことを取り込んでいかねばなりません。

　現代の暮らしの中で生きる子どもたちにとって、おとなが作り上げてきた人為的な世界を受け入れる暮らしかたも、同時に身近な自然を発見し、そこに親しむ体験とのバランスが、とても必要になっていると思います。

"Sense of wonder" のセンス(感覚)ってどんなこと？

　子どもたちは小学校に行くようになってから、自然や環境問題、自然保護などについての知識を体系的に学んでいきます。けれどもそこで学ぶことが、自分とは無関係な、ただの浅い知識に終わることなく、実感を伴う深い理解につながるためには、その前に身体的な感覚を通して体験したこと、そしてそこに感情の動きも伴った豊かな経験を積み重ねることが必要です。

　探求心旺盛な子どもたちは、自分の目で見て、聴いて、味わって、触って、嗅いで、身近な世界を知ろうとします。子どもたちは、ちゃんと自ら学ぶ方法を知っているのですね。

　わたしたちもはなめちゃんとたねきくんといっしょに、自然の中で五感を感じてみましょう！

Listen 聴く

　「大きな声は頭に響き、小さな声は心に響く」ということばがありますが、自然のなかでは、鳥や虫、小川はふだん小さな声を発しています。

　鳥の声・木の葉のそよぎ・小川のせせらぎ・波の音・雨の音など、地球の奏でる小さな、心に響く音は、わたしたち(地球市民)が「耳をすます」ことで初めて心に響いてくるでしょう。

　【やってみよう】
あなたは子どものころ、自然の中のどんな音や声が好きでしたか？
生き物たちの声にも、耳をすましてそれらの声が何を語っているのか話し合ってみましょう。

　はなめちゃんが木の上の方で「カアカア」と鳴いてるカラスの声に気づきました。
　「なんて言ってるのかな？」他のカラスに「ぼくはここにいるよ」「わたしはここよ」と知らせているのですって・・・
　たねきくんは、春にウグイスが「ケキョケキョ」と鳴いたのを聴きました。
　あれ？ウグイスは「ホーホケキョ」って鳴くんじゃなかったっけ？
　そう、ウグイスは春先なら「ホー、ケキョ」とさえずりの練習中。
　「ケッキョ、ケッキョ、ケッキョ」と鳴いているときは、たねきくんが近くに来たからびっくりしたんだね。「こっちにこないで」、と少し怒っています。

【やってみよう】音あてゲーム

　小さな箱やケースの中に、おさんぽで見つけたもの（どんぐりや小枝など）を入れ、ケースをふって、中に入っているものの音を聞いて、同じ音のするものを持ってきましょう
　何が入っているか見ないで、音だけで当ててみると楽しいゲームです。

【やってみよう】しずくちゃんの音楽を聞いてみよう

　しずくちゃんが落ちてくる場所を見つけたら、おなべやコップ、洗面器などを置いて、しずくちゃんの音を聞いてみましょう。どんな音が聞こえるでしょうか？しずくちゃんの合奏も楽しめますよ。

Smell　嗅ぐ

　土や草花や木のにおい・・・いろいろなにおいを嗅いでみましょう！
　秋に公園におさんぽにでかけたはなめちゃんとたねきくん、先生が桂（かつら）の木の葉を手渡してくれました。「なんのにおいがする？」と、聞かれたはなめちゃんは「あ、キャラメルだ」と答えました。
　そうね。葉っぱの色もキャラメル色になっているのがあま〜い匂いがするね。
　「あ、葉っぱがハートの形しているよ」とたねきくんは気がつきましたよ。

　たねきくんが白いきれいな花がたくさん咲いてるのを見つけました。でも葉っぱをちぎってかいでみたら・・・「へんなにお〜い！」
　そうね。匂いはちょっとクセがあるけれど、「ドクダミ」は役に立つ草花です。昔から虫に刺されたとき、ちょっとした切り傷ができたとき、ドクダミの葉っぱを一枚とって軽くもみ、傷口にぬると効くとされています。おさんぽで見つけたら、覚えておきましょう。

本州では5月頃に白い可憐な花を咲かせるドクダミ
身近なところで見ることができます。

今度は、見つけたカメムシを手にのせてつまんだたねきくん。「う、くさい・・・」カメムシくん、驚いたから臭いを出したんだね。
そういえばヘクソカズラなんて、すごい名前の植物も、7月から9月ころ公園などでよくみかけますよ。どんな臭いがするか、嗅いでみてね。

道端に咲くヘクソカズラ

「お花のいい匂いがするね」バラ、ライラック、ジャスミン、キンモクセイかな？
わたしたちは、植物の良い香りをかぐと、気もちが安らいだり、気分がよくなったり、何かを思い出したりします。

 【やってみよう】
あなたは子どもの頃、どんな花の香が好きでしたか？思い出してみましょう。

 【やってみよう】においあてクイズ
ケースの中に入っているものの匂いをかいで、同じにおいのものを持ってきましょう。
春はジンチョウゲ、秋はキンモクセイや甘い匂いのカツラの落ち葉など、その近くにいるだけで香ってくるものを選ぶとよいでしょう。ドクダミやヘクソカズラなどを入れたら、びっくりするかもしれませんね。

Touch　触る

　すべすべ、ざらざら、つるつる、とげとげ・・・ものには触ったときに、それぞれの質感があります。子どもたちが「触る」ことは、知ることにつながっています。はなめちゃんもたねきくんも土や草花、樹木、虫やきのこ、コケ、小動物などいろんなものに触って、「これなんだ？」と知ろうとしているのです。

　触ったときの「ざらざら」の秘密は、ルーペで見るとわかります。ざらざらの葉っぱは、表面には小さなとげがいっぱい。

　虫たちからのお手紙が届きました。
「虫が苦手な保育者さんへ
　ぼくたちのこと好きにはなれなくても、ぼくたちの生きている姿を理解してほしいな。そうすれば、触ることはできなくても、すこし距離を置いておつき合いできるはず。よろしくね！」

「虫が面白くて触りすぎちゃう子どもたちへ
　ぼくたちのこと興味もってくれるのはうれしいけど、みんなだって髪の毛や手足をむりやり引っ張られたりしたら嫌でしょ？僕たちだって同じだよ。あんまり触りすぎないようにね。」
　虫たちからのお願い、伝わったかな？

＜いきものにさわる＞
　「カエルさんにとっては、みんなの手は熱いの。だから手に水をつけて冷やしてからさわろうね」と先生からカエルを手渡されているスウェーデンの子どもたち・子どもは容器に入った冷たい水で手を流してから手のひらにのせ、しばらくさわったら、カエルを元のところに返しています。

【やってみよう】あなたは子どもの頃、どんな
　　　　　　　生き物が好きでしたか？
　　　　　　　思い出して話してみましょう

スウェーデンの「森のようちえん」で

＜葉っぱや木にさわる＞
　葉っぱは、春の新緑から夏の深緑へ、そして秋になると、黄や赤、茶色などへと色を変えていきます。ぜひ小さいうちから葉っぱにも触って、さまざまな色や形や手触りに親しんでみてください。

「いろいろな色の葉っぱきれいだね」

何枚落ち葉をキャッチできたかな？

【やってみよう】落ち葉キャッチ
　落葉のたくさんある森の中で、高いところから、大人が落ち葉を少しずつ散らします。子どもたちは、ひとりひとり手でキャッチします。風呂敷のような布の四すみを持って、みんなで協力しあってキャッチしてもよいでしょう。
　落ち葉が地面にとどく前に、いくつキャッチできるか競争してみましょう。

【やってみよう】木登り

「木登り」は、両手両足でしっかりと木の幹をつかみ、その感触を確かめながら登るというすてきな活動です。「木登り」を積極的にさせてあげようとする園では、子どもたちが登りやすいよう、足がかけられる高さの枝は切らないで残しておく、といった工夫をよくみかけます。（逆に公園では、子どもが登らないよう、低い枝を切るようにしているところが多いようです。）

スウェーデンの「森のようちえん」にて

【やってみよう】

小さな袋のなかに手を入れてさわり、中に入っていたものと同じものを持ってきましょう。ぎざぎざの葉っぱ、木の枝、石、どんぐり、どんぐりの帽子（「殻斗」かくとといいます）など、触ってわかりやすいものにしましょう。

Watch　見る

　はなめちゃん、たねきくん、自然界には様々な色と形があふれていますよ。その多様性やそれぞれの美しさ、ふしぎさをよく見てみようね！

【やってみよう】ルーペでふしぎな世界をのぞく
ミクロの視点でみると、世界が違って見えるよ！（ChapⅠ　P.9～10）
たねきくんがいいます。「先生もぼくたちとしゃがんでみてみてよ。コケはジャングルのようだし、ハサミムシは怪獣みたいだ！」

【やってみよう】公園で森の中でねころぶ
みんなで里山の中に寝転がって、梢の間から空をみてみましょう。
どんなことに気がついたかな？どんな感じだったかな？
里山や森で「風がきもちいいね」「鳥の声がきこえたね」「虫たちが動いているね」・・・
と、感じたことをなんでも話し合いましょう。

埼玉県狭山市の里山風景

秩父・花の森こども園にて

Chapter Ⅲ
保育 編

　【やってみよう】同じものみっけゲーム
「先生がみんなに見せたものと同じものを探して持ってきましょう。」
　見せる時間は、年齢によって変えてみるとよいでしょう。たとえば、3歳のはなめちゃんなら10秒くらい、5歳のたねきくんなら1～2秒くらい見せるようにします。
　花、葉、木の実、石、枝など、ゲームを行う場所の近くにあるもので遊んでみましょう。

　引用
イタリアの絵本作家イエラ・マリは、
「大好きなのは、森に寝ころんで、アリがよじ登ってきたり、自分の体から根が生えていくような感覚を味わうことです」と言っていたそうです。『Iera Mari』(One Stroke 社) P43
　自然と一体化することを愛した彼女は、とてもすてきな絵本を描きました。

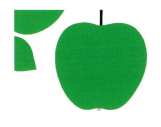

　『りんごとちょう』イエラ・マリ　エンゾ・マリ　ほるぷ出版
　　りんごの中に産みつけられた卵からシンクイガの幼虫が成長していきます。
　『木のうた』イエラ・マリ　ほるぷ出版
　　一本の樹とそこに住む動物をめぐる四季の移り変わりが美しく表現されています。

Taste　味わう　グミ・イチヂク・ビワ・ブルーベリーなどのおいしい実がなっていたら、摘んで食べてみたいですね。

　【やってみよう】花のミツを味わう
　はなめちゃんもたねきくんも、蝶やミツバチのように、花の蜜もなめてみましょう。みんなの周りには、サルビアやアサガオやツツジなどめしべの奥が甘い花がいっぱい。でも実には毒のあるものもあるから、気をつけておとなに聞いてからにしようね。

Chapter Ⅲ
保育 編

園庭にたくさんなっているベリーを食べる子どもたち
（スウェーデン）

【やってみよう】ひろったどんぐりを食べてみませんか？

　マテバシイやスダジイなど、食べられるどんぐりをゆでて、食べてみましょう。
　マテバシイは、ほんのり甘くて栗のような味です。
　どんぐりを拾うとき、穴があいていないどんぐりを拾うようにしましょう。穴があいているどんぐりの中には、クリシギゾウムシなどの卵が産みつけられていて、中で幼虫が育っています。

　勇気があれば、数種類のゆでたどんぐりを食べてみましょう。
　しぶいのとあまいのがありますよ！
　しぶいどんぐりに当たったら、飲みこまなくてもかまいません。
　あまいどんぐりで、クッキーを作ってみませんか。

≪サクサクどんぐりクッキーの作り方≫

材料（12枚）
薄力粉　　　100 グラム
砂糖　　　　30 グラム
菜種油　　　30 グラム
水　　　　　大さじ1
どんぐり（マテバシイ）　12個

作り方

1. マテバシイのどんぐりは、たっぷりのお湯で15分くらい茹でます。その後フライパンで軽く炒ると亀裂が入るので、カラがむきやすくなります。カラをむくと、栗のようなどんぐりの実が出てくるので、食べやすい大きさに砕いておきましょう。

2. 砂糖と菜種油をボウルに入れて混ぜます。砂糖がしゃりしゃりした感じになるので、そこに水を少しずつ入れて溶かし、もったりしたのりのような感じになるまで混ぜます。

3．小麦粉、砕いたどんぐりを加えてよく混ぜます。
4．180度のオーブンで15分焼けば、サクサクどんぐりクッキーの出来上がりです。

注：このクッキーは、アレルギーのある子でも食べられるように、乳製品、卵、大豆製品を使っていません。どんぐりのアレルギーについては、保護者の同意で50人くらいの子どもが食べてみたところ、アレルギーの出る子はいませんでした。アレルギーが心配なお子さんがいる時は、どんぐりを入れないクッキーを一緒に作って、それを食べさせてあげてください。

 参考図書：『木の実とともだち』構成　松岡達英　絵と文　下田智美　偕成社
　どんぐりの種類を調べたり、ほかの木の実を食べてみたいときにおすすめです。

 トピック

　ここでは北欧の「森のようちえん」を写真でいくつか紹介していますが、北欧諸国には、子どもと自然との関わりを保育の重要な課題として、国や地方自治体の保育指針に明確に示しているところもあります。
　日本では、平成18年に「教育基本法」が改正された際、教育の目標部分に新たに「**第2条4　生命を尊び、自然を大切にし、環境の保全に寄与する態度を養うこと**」が加えられました。
　また、この「教育基本法」に則り「学校教育法」も平成19年に改定されて、以前の「第78条3　身辺の社会生活及び事象に対する正しい理解と態度の芽生えを養うこと」が新しく、「第23条3　身近な社会生活、**生命及び自然に対する興味を養い**、それらに対する正しい理解と態度及び思考力の芽生えを養うこと」に書き換えられました。
　この改正で幼児期も自然を大切にし、環境保全に寄与する態度を育てる必要性が示されたことになります。これこそ「地球市民」の心がけですね。

　今度は日本の子どもたちが育つ保育の場で基本となる「幼稚園教育要領」と「保育所保育指針」そして「幼保連携型認定こども園教育・保育要領」に示されている5つの「領域」について、子どもと自然とが関わる箇所をみてみましょう

2.「幼保連携型認定こども園教育・保育要領」からみた 五つの「領域」について

　「幼保連携型認定こども園教育・保育要領」第2章では、幼保連携型認定こども園修了までに育つことが期待される**生きる力**の基礎となる心情、意欲、態度などが「ねらい」であり、この「ねらい」を達成するために指導する事項が「内容」です。そしてこれらを園児の発達の側面から「健康」「人間関係」「環境」「言葉」「表現」の五つの領域としてまとめて示されています。

各領域に示されているねらいは、「幼保連携型認定こども園における生活の全体を通じ、園児が様々な体験を積み重ねる中で相互に関連を持ちながら次第に達成に向かうもの」であり、内容は、「園児が環境にかかわって展開する具体的な活動を通して総合的に指導されるもの」とあります。
　こうしたねらいや内容を子どもたちの野外での遊びの中で、具体的に感じ取ることができるでしょうか。

　たとえば次の写真をみてください。スウェーデンのある森のようちえんですが、園庭の隅にある縁の下で、子どもたちが何かを見つけたらしく、みんな興味津々で覗き込んでいます。近くにいる保育者も一緒にのぞき込んでいますよ。

床下にどんな生き物がいるのかな？
一生懸命探している子どもたち
スウェーデンの「森のようちえん」で

　この写真の子どもたちのようすを見て、どう思いますか？
　緑に包まれた園庭という『環境』の中で活発に遊んでいる子の姿は『健康』の領域に結びつきますね。
　このとき子どもたちは、床下に小さなカエルがいるのを見つけました。
　「ほら、動いたよ！」「どうすればもっとこっちに来るかな」「おいでおいで」・・・などと子どもたちは『言葉』を交わします。
　保育者も一緒になって「何がいるの」と覗き込みます。子どもどうし、また保育者と子どもとの『人間関係』がそこにはあります。
　見つけたカエルに触ってみて、その後保育室に戻って絵を描いてみたくなった子たちは、思い思いのカエルの絵を描きました。今見たカエルのマネをして、ピョンピョン飛び跳ねている子もいます。それは『表現』の世界です。
　こんなふうに、子どもが自然環境と触れ合う日々の遊びの中には、必ずと言ってよいほどすべての「領域」が含まれています。
　自然の中において、すべてがつながっているように、子どもたちが自然の中で遊ことも5領域の全てがつながり、重なっていますね。

子どもは知的、情緒的、運動機能的な面、社会性などの発達の側面が相互に関連し合い、その相互作用によって一人ひとり発達を遂げるものです。
ですから、保育にかかわるわたしたちは、日々子どもの姿を見ながら5つの領域すべての幅広い視野に立って子どもの発達を総合的にとらえる必要があります。

　それでは保育のそれぞれの「領域」から、子どもと自然との関わりについて少し詳しく見ていきましょう。

> *「幼保連携型認定こども園教育・保育要領」（平成26年4月）
> 　内閣府・文部科学省・厚生労働省
> 　「幼稚園教育要領」（平成20年3月）文部科学省
> 　「保育所保育指針」（平成20年3月）厚生労働省の全文が重要なことはもちろんですが、ここでは、「自然と子どもをむすぶ」上でとくに関連する箇所のみを挙げています。
>
> 　🌳　の印のところは、主に「幼保連携型認定こども園教育・保育要領」に対応する箇所を示していますので、参考にしてください。

健康

　健康というのは、「完全な身体的、精神的、社会的に良好な状態であり、単に疾病または、病弱の存在しないことではない」と言われています。（世界保健機構憲章1946年）
これは身体だけが健康ならよい、というのではなく、生活にまで視野を広げた考え方を示唆しており、「健康」は「生きがいを持って暮らせる良好な状態」「人生を幸福で快適に送るための基礎」と考えられるのです。そして幼児期に「健康」の最も大切な土台が培われます。
　人生の日々をどのように過ごすかの基礎的なことがらである「健康」は、誰かに与えられるものではなく、自分の努力で育むものであることを忘れてはいけません。健康を育てることは、日々草花に水をやり育てることとよく似ています。

　保育内容「健康」は、健康な心と体を育て、自ら健康で安全な生活を作り出す力を養う領域です。
　はなめちゃんとたねきくんも健やかな身体が育つように、森の動物たちみたいに朝早く起きて、日中は外でよく動いて、夜は早く寝ましょうね。

幼保連携型認定こども園・保育要領　２内容　(6) 健康な生活のリズムを身に付ける
（以下 こども園教育・保育要領と記す。）

自然の中でみんなと一緒にいっぱい遊ぼうね。
人間の身体は、他の動物たちよりも、よく走り続けられるようにできているのですって。
その力を大切にして、自然の中でよく動くことが「健康」につながります。

 こども園教育・保育要領　２内容　(2) いろいろな遊びの中で十分に体を動かす
　　　　　　　　　　　　　　　　　　(3) 進んで戸外で遊ぶ

はなめちゃん、たねきくん　外にいるとき「暑い」、寒い」、と自分で感じて衣服を着たり脱いだりできるかな？
それから、自然の中でトイレに行きたくなったら・・・
森のトイレを作って、用を足そうね。

森のトイレ１

森のトイレ２

1　デンマークなど北欧では、「森のトイレ」の汚物は、森の生態系を壊さないようにすべて持ち帰るそうです。
2　里山で小さな穴を掘って子どもが用を足せるようにします。周りに見えないように新聞紙や布で覆いをかけます。

 こども園教育・保育要領　２内容　(7) 身の回りを清潔にし、衣服の着脱、食事、排せ
　　　　　　　　　　　　　　　　　　　　つなどの生活に必要な活動を自分でする。

狭い保育室内では、けんかが起こりがちですが、野外だと、子どもたちの間でけんかが少ない、というお話を保育者からよく聞きます。
北欧の森のようちえんでも、森に行くようになってから、子どもたちのけんかがほとんどなくなったそうです。
子どもたちは野外に出ると、広い空間で遊べる開放感があり、同時に室内とは違った危ないこともあると察知して、互いに気をつけ合うことが必要だと実感しているようです。

こども園教育・保育要領　2内容　（10）危険な場所、危険な遊び方、災害時などの行動の仕方が分かり、安全に気を付けて行動する。

　トピック

　健康を育てるための決め手のひとつ「皮膚」について　ちょっと意識してみましょう！
　動物の皮膚は皮の役割を持っています。「皮」は物の表面にあって中身を包み、「そのもの」と「そうでないもの」の境界を形作ります。皮は外界との複雑な交流を行っており、外敵を中に入れない役目をしています。
　こうした皮膚は外側だけでなく、頬～唇～口腔～消化管～肛門～尻　と切れ目なくつながっていますね。そして、皮膚の働きの中で最も大切なのは、必要なものを選んで体内に取り入れ、身体に生じた不要なものを汗腺などから排泄することです。
　このように皮膚も「循環」しているのです。
　皮膚の機能を高めるためには、大気浴をして酸素を十分に吸収しましょう。汗腺は幼児期の環境に適応して作られるので、この頃たくさん汗をかけば汗腺の数が増えますし、夏に冷房の効いた室内にいることが多いと、汗腺は少ないままになります。
　ですから、積極的に自然にふれ、屋外で遊ぶことがよいのですね。

人間関係

　「人間関係」は、「他の人々と親しみ、支え合って生活するために、自立心を育て、人とか関わる力を養う」ことを大切にする領域です。
　例えばみんなで「じゃがいも堀り」をするという自然体験の中にも、子ども自身が身近な人との信頼感を基盤として、自然環境に関心をもち、自ら関わろうとする姿が見られます。

＊ここでは、自然の中で遊ぶさい、異年齢の仲間との人間関係が重要であると考え、「保育所保育指針」の例文を引用しています。

　「おひさま子ども園」では、7月初めのある日、4歳児と5歳児クラスの子どもたちが、近くの畑にじゃがいもを掘りに行きました。
　先生は「今日はみんなが植えたじゃがいもを掘りに行きましょう。おおきくなったかな。」と話します。
　子どもたちは先生のお話を聞いて、ワクワクしていますよ。5歳児が4歳児と手をつないで列になり、畑に向かいました。

Chapter Ⅲ
保育 編

 保育所保育指針　第3章　保育の内容　1保育のねらい及び内容
　　　　　　（2）教育に関わるねらい及び内容　イ　人間関係　（イ）内容　（以下同様）
　　　　　　　⑪　友達と楽しく生活する中で決まりの大切さに気付き、守ろうとする。

園庭は狭いので、保育園の近くに小さな畑を借りて、保育者と子どもたちとで数種類の野菜を育てています。

 保育所保育指針　⑩　身近な友達とのかかわりを深めるとともに、異年齢の友達など、様々な友達と関わり、思いやりや親しみを持つ。

　畑に到着すると、たねきくんたちは「お芋ないよう〜！　先生どこにお芋あるの？」と口々にいいます。そうですね。初めての体験なので、子どもたちはじゃがいもがどこにあるのかわかりません。
　先生から「葉っぱの茎の下、土の中にあるよ」と聞いて5歳児は茎を抜き始めますが、4歳児はどうやって抜いたらいいのかわからない様子で5歳児を見ています。
　でも、だんだんと抜きかたがわかって、じゃがいもが土の中から姿を出しました。

 保育所保育指針　③　自分で考え、自分で行動する。

　じゃがいもを掘るたびに、子どもたちは「せんせい、みて〜！」と保育者に共感を求めます。けれども見つけたじゃがいもに集中していて、まだ子ども同士のかかわりは見られません。やがていくつもじゃがいもを見つけると、今度はじゃがいもの形に興味を示して「ぼくの小さいよ」、「大きいのがあった」「虫みたいだよ」「わたしのはピーナツみたい」・・・などと知っている身近なものに見立て、それを他の子に話し合いながら関わっていく様子が見られました。

保育所保育指針
⑥　自分の思ったことを相手に伝え、相手の思っていることに気付く。
⑦　友達の良さに気付き、一緒に活動する楽しさを味わう。

保育所の4,5歳児

　収穫したじゃがいもをかごに入れ始めると、友達と一緒にじゃがいもを取ったり運んだり、と動きも大きくなり、子ども同士のやり取りがさらに活発になってきます。
　自分がどれくらいがんばったか見てほしい、という共感を求めて、「せんせい〜」と呼ぶ声は続きます。また、子ども同士で「あそこにあるのから運ぼう。手伝って！」など声を掛け合っています。小さなシャベルやじゃがいもを入れるかごなども一緒に使います。

保育所保育指針　⑧　友達と一緒に活動する中で、共通の目的を見出し、協力して物事をやり遂げようとする気持ちを持つ。
　　　　　　　　⑫　共同の遊具や用具を大切にし、みんなで使う

　たねきくんは葉っぱの上のテントウムシに気がつきました。他の子どもたちもじゃがいもを探すうちに「トンボがいるよ」「いもむしもいた」、と次々に虫を見つけ、お互い伝え合うようになりました。
　かごの中がじゃがいもでいっぱいになると、慎重に積み重ね「大漁！大漁！」と言いながら、残りのじゃがいもを探している子どもたちでした。
　保育園に帰るしたくをしながら、子ども同士でどんな形のじゃがいもを取ったか、「ぼく恐竜みたいなじゃがいもとったよ」など、自分が体験したことを子ども同士または保育者に話しかけていました。

　このように一つの自然とのふれあい活動のなかにも、年上の子どもは年下の子どもに対して手助けや助言をしている姿が見られます。また一緒に活動をすることによって、他の

子どもに対して親しみや思いやりをもつようになります。保育者はそうした子どもたちの自主性を十分に発揮できるよう援助しています。

【やってみよう】お休みの日に家族で遊ぶ

大好きなパパと一緒に自然に包まれて遊ぶ「動物の親子」を紹介しましょう。
「動物の親子」あそび

1　ラッコの親子（おやすみ中）　2　ラッコの親子（おめざめ中）　3　コアラの親子　4　サルの親子

5　ペンギンの親子　6　最後に一人で木に「タッチ」　よくできたね！（写真は1歳半児）

「動物の親子」遊びかた

1　里山や公園でレジャーシートを敷き、親子で仰向けに寝転びます。
2　お腹の上に子どもをのせると「ラッコ」
3　起き上がって座り、「ぎゅっ」と抱きしめると「コアラ」
4　立ちあがっておんぶしたら、「おさる」
5　足の甲に子どもを載せて歩いて「ペンギン」のつもりです。
6　最後に子どもがひとりで歩いて行って木にタッチ！

保育所保育指針　②　身近な人と親しみ、関わりを深め、愛情や信頼感をもつ。

　自然の中にいると、自分の力で行動することも必要で、また、自分でできることが心地よいと感じることもいろいろあるはずです。

　たとえば、デンマークのある森のようちえんで会った5歳女児ふたりは、木のそばに座って、慣れた手つきで小枝を削り始めました。

　園では「カッターナイフやのこぎりは危ないから」、と持たせないのではなく、どんどん経験して自分で使いこなせるように、4歳くらいから使い始めます。先生たちは、カッター刃の先に左手を置かない、ということだけ伝えるそうです。

なかよし2人が枝をカッターで削っています。

中央の男の子は、のこぎりで枝を切り落としたとき、とても満足そうな表情を見せました。

イラクサは触れるとかぶれて痛いので、みんなで気をつけるにはどうしたらいいか、イラクサの周りで話し合っています。デンマークの「森のようちえん」で

　保育所保育指針　1 ねらい　(1) 保育所生活を楽しみ、自分の力で行動することの充実感を味わう。

環境

「環境」は、「周囲の様々な環境に好奇心や探求心をもってかかわり、それらを生活に取り入れていこうとする力を養う」領域です。

環境には、様々な物的環境も人的環境も含まれるのですが、本書では、とくに子どもたちが、園庭や身近な自然環境に好奇心や探求心をもって関わることが大切だということを、ChapIでも詳しく述べました。自然環境の中で、五感を駆使して世界を知ろうとする子どもたちのために、わたしたちは子どものそばにいる保育者として「環境」について常に考え、行動し続ける必要があります。

デンマークの「森のようちえん」では、森のなかでもどんぐりや動物、虫などの数を数えたり、大小の比較をしたりする機会はたくさんあるので、保育室内で学ぶのと変わることはない、と先生たちは言っていました。

たしかに数量やものの性質を学ぶのは、教室や保育室の中に限らなくてもよいですね。

たとえば、みんなで集めた葉っぱを並べたり、小石を積んだりして数えるのも楽しいですし、見つけた虫の足の数を数えてみるのもよいでしょう

 こども園教育・保育要領　1 ねらい　(1) 身近な事象を見たり、考えたり、扱ったりする中で、物の性質や数量、文字などに対する感覚を豊かにする。

　【やってみよう】タネをうえる

たねきくんは3月の温かい日におひさまこども園の畑に種を植えてみました

小さい小さい粒の種子でした。じょうろで水をやりながら待っていたら、ある日ちゃんと芽が出てきて、たねきくんは大喜び。

「はなめちゃん、芽がでたよ！ほら」「葉っぱが大きくなったね」ふたりは「このちっちゃなタネ生きていたんだね」、と感じたようです。

「植物の成長には、日光と水が必要だ」いう知識を本で知るより、自分で見て、さわって、育てることができてよかったですね。

 こども園教育・保育要領　1 ねらい
　　　　（1）身近な環境に親しみ、自然と触れ合う中で様々な事象に興味や関心を持つ。

　さて、「おひさまこども園」のたねきくんのクラスでは、年長になる前から、種子とその発芽に興味をもつ子が多かったので、春がきてから担任の先生と、「**タネのプロジェクト活動**」を始めました。(注：「プロジェクト」については、P.99 ～ 109を参照)
　何種類ものタネをそれぞれプランターに植え、どんな芽が出てくるか楽しみに待っていた子どもたち。その中には寒い冬を越して成長するスナップエンドウもあり、春になると、土に埋められたタネからいろいろな芽が出てきました。
　そして茎は水と陽の光をたっぷり浴びて、どんどん空に向かって伸びていきます。
　その様子をみたたねきくん、『ジャックと豆の木』みたい！と言いました。
　みんなの畑でスナップエンドウのツルがさらにぐんぐんと伸びていたある日、おへやの中でみんなといっしょに「伸びていくツル」を作りました。
　ひもや紙をつないでいくと、ほんもののツルみたいにどんどん長くなりましたよ。

紙粘土等で作ったタネ

作ったタネから伸びていくツルと根（4歳児クラス制作）

　スナップエンドウなど、種から発芽した野菜の成長を見守る経験の中から、子どもたちはさまざまなことを身近な人たちに語ってくれます。
　はなめちゃんは、「タネから出てきた芽は、はじめは小さかったよ。でもどんどん大きくなった」と身ぶり手ぶりで話してくれたり、たねきくんは「水やりをしないと大きくならないんだよ」と伝えてくれました。スナップエンドウを収穫した後には、「自分たちでとっ

たから、すごくおいしい！」という実感のこもった子どもたちのことばがあちこちで聞かれました。

 トピック

タネのプロジェクトを続けていたら・・・

　ある日、ふと担任の先生が気づきました。午睡の前になると、たねきくんのクラスの子たち（年長児）がみんな本棚からマメやタネの絵本や図鑑を手に取って、午睡のお部屋にゾロゾロと歩いていく姿が見られたのです。みんながお豆やタネの本ばかりだいじそうに抱えているので「おかしい」と先生は楽しそうに笑っていましたよ。

　また、あるお誕生会の日、司会役のたねきくんは、最初の質問で「あなたの好きなタネは何ですか？」と聞きました。また、聞かれたお友だちは、「わたしは、ハツカダイコンのタネが好きです！」と大きな声で答えていました。興味が共有されていると、対話も生まれ、絵本や図鑑とのむすびつきも深くなるのですね。

【参考図書】
『たねと果実の営いとなみ』ウナ・ヤーコプス　あむすく
『たねのずかん』高森登志夫　え　古矢一穂　ぶん　福音館書店
『たねのはなし』ダイアナ・アストン　文　シルビア・ロング　絵　ほるぷ出版
『まめ』平山和子　福音館書店
『ひろってうれしい　知ってたのしい　どんぐりノート』いわさゆうこ　大滝　玲子　作　文化出版局　など

　動植物や昆虫など身近な自然とのかかわりの中で、子どもが気づき、感じ、じっくりと考える経験を重ねていくことができるよう、環境構成に配慮し、働きかけることが大切です。
　たとえ園庭は狭くても、工夫していきものを飼ったり、植物を栽培したりすることはできるものです。

　この保育園では、お隣の家との境にあるフェンスぎわにバケツを並べて稲を育てています。
　狭い空間にも、工夫して稲を植えたり、ゴーヤのグリーンカーテンを育てたりすることができます。この園では、毎年収穫したほんの少しのお米は、お昼の給食用のごはんに混ぜてみんなでおいしく頂きます。

こども園教育・保育要領　1 ねらい
（2）身近な環境に自分からかかわり、発見を楽しんだり、考えたりし、それを生活に取り入れようとする。

ヤギのすみれとおさんぽ

秩父「花の森こども園」にて

　この森のようちえんでは、庭で朝のあつまりをするときも、裏山におさんぽに行くときも、山で絵本の読み聞かせをするときも、子どもたちとヤギの「すみれ」がいっしょにいます。
　子どもの仲間である、「すみれ」は、子どもたちにエサや小屋のそうじなどの世話をされていますが、「すみれ」もまた子どもたちを見守っているようです。
　数年前に「すみれ」はおなかをこわして生死の境をさまよったことがありました。そのとき子どもと先生たちは、順番にすみれのおなかを一生懸命さすり続けて、すみれはすっかり元気になりました。

こども園教育・保育要領　2内容
（5）身近な動植物に親しみをもって接し、生命の尊さに気付き、いたわったり、大切にしたりする。

　【やってみよう】
あなたは、どんな草木や生き物を育てたことがありますか？

1 「鹿公園」と呼ばれる、野生のシカがたくさん生息する広大な森の地図（デンマーク・ゲントフテ市）
　子どもたちはほぼ毎日この森へ出かけ、豊かな自然環境で過ごします。
　「今日はどこへ行こうかな？」とその日に話し合って決めるそうですが、子どもたちが名付けた「月の谷」「鳥が鳴く湖」などによく行くようです。

2 「月の谷」にある倒木の上で遊ぶ子どもたち

　こども園教育・保育要領　2内容　（1）自然に触れて生活し、その大きさ・美しさ・不思議さなどに気付く。

　【やってみよう】自然と結びついている地域の行事（1）十日夜
　子どもと自然の結びつきを強じさせられる行事のひとつに「とおかんや（十日夜）」があります。
　旧暦十月十日，田の神が山へお帰りになる日として祭る習慣が群馬・埼玉・山梨・長野などにあり、この日地域の子どもたちは晩に集まって、めいめい作った「わら鉄砲」をもって近所の家々を巡り、十日夜のうたを歌って元気よく地面を打ったそうです。

地域のお年寄りから話を聞いて、「わら鉄砲」の作り方、使い方を教わり、地域に残る里山で「十日夜」(埼玉県狭山市内の里山)

"とおかんやのわら鉄砲
夕飯食ったら ぶったたけ" という勇ましいわらべうたも残っています。

　わら鉄砲で畑の地面をたたく、という行為には、幼い子どもたちの力を借りて、作物を荒らすイノシシが畑に近づかないようにしてもらう、という願いが込められているといいます。
　同じように、西日本では多産のイノシシ（亥）にちなみ、陰暦10月の亥の日に、子孫繁栄や豊作豊漁を祈って行う行事がありました。東日本と同じわら鉄砲「亥の子づち（槌）」をもって家の門口や庭先で威勢良く歌いながら地面を打って祝うものです。
　友だちと一緒に、束ねたわらで地面を力強くたたいて回る、という活動はとても楽しそうですね。畑をたたいてイノシシが近づかないよう一種のおまじないをして、そのお礼に季節のくだものやお菓子などをもらったようです。ハロウィンにも少し似ていますね。

【やってみよう】自然とむすびついている地域の行事（2）「まゆ玉」

あなたは子どものころ、自然とむすびついた行事に参加したことがありますか？

1

2

Chapter Ⅲ
保育 編

1　まゆ玉制作（5歳児）
　　米の粉で紅白につくった繭（まゆ）の形をしただんごを木の枝にさして、豊穣を願います。
2　庭になっているゆずとみかんを白いだんごとともに木の枝にさしたもの
　　飾ったあとは、鳥たちが食べにやってきました。

　こども園教育・保育要領　2内容　（3）季節により自然や人間の生活に変化のあることに気付く。

言葉

　「経験したことや考えたことなどを自分なりの言葉で表現し、相手の話す言葉を聞こうとする意欲や態度を育て、言葉に対する感覚や言葉で表現する力を養う」領域です。
　日々保育室の中で過ごしているだけでは、子どもたちの言葉の幅は広がっていきません。
　自然の中に出ていきましょう。おさんぽの途中でも、色々なものに出会います。道端に咲いている小さなタンポポやアリ、かたつむりやダンゴムシなどに出会って、小さい子どもはそれらに興味をもち、指さしたり触れてみたりします。
　その子のそばにいて、保育者が「あの黄色い花きれいだね」「アリさんどこ行くのかな？」など、言葉をかけると、子どもの方からもことばが返ってきたり、知っているものを指さしたりするようになります。

「ほら、ここにおもしろいものがあるよ」1歳になったばかりのこの子は、まだ言葉で言えないけれども、そのことを指で示して伝えようとしています。

　外に出て自然に親しむと、いろいろな言葉が引き出されるきっかけがいっぱい。
　自然の中にいるとき、「今日の空は雲ひとつない澄みきったスカイブルーの色」とか、「夕焼け雲が茜色に染まってきれい」といったように、自分でいつもより少し言葉を意識してみるとまた違った楽しさがあります。
　こども園の近くの川辺を歩いていたら、はなめちゃんは水面が輝いてるのを見て、「きらきらしてるね」と言いました。「ほんと、キラキラだね」と保育者も一緒に喜びたいものです。

こども園教育・保育要領　２内容　(8) いろいろな経験を通じて、イメージや言葉を豊かにする。

　また、自然の中で何かに触ったときの感触を子どもが自分なりに言葉にしていけるよう促してあげましょう。
　たとえば「ふわふわ」、「ざらざら」、「カチカチに硬い」といった擬態語は、体験して初めてその感覚の理解が深まります。
　本には、自然の様々な状態を表す言葉がたくさん出てきますが、文章を読むようになった子どもが、もしその状態を経験したことがなかったなら、いったいどのような感触なのか、どんな音なのか、実感をもって読み取ることは難しいでしょう。
　とくに「素話（すばなし）」のように、絵本や本を介さずにおはなしを直接子どもたちに語りかける場合、子どもたちは話し手の言葉を受け取って、その場面を想像しながら聴きます。
　そんなとき、一つひとつの言葉に、体験に根ざした実感が伴われていればいるほど、おはなしを生き生きと自分の頭の中で想像することができるでしょう。

　自然の中で自分が体験し、感じたことをはなめちゃんやたねきくんは身近な人に、それまでに獲得した言葉を使って精一杯伝えようとします。その語りを周りのおとながよく聴いて、受け止めることで、ふたりは内面からあふれる豊かな気もちをさらに語りたいという意欲をもつはずです。
　こうした関わりの中で、子どもは身近な人とのコミュニケーションのやり取りを重ねて言葉が発達していくことでしょう。
　子どもたちが成長して、やがて携帯電話やインターネットを使うようになる前に、こうした直接身近な人と人とが直接触れ合うコミュニケーションを豊かに体験しておくことが、とても大切だと思います。

【やってみよう】
　自然をテーマにした絵本で自分のお気に入りの一冊を探してみましょう！

こども園教育・保育要領　ねらい　(3) 日常生活に必要な言葉が分かるようになるとともに、絵本や物語などに親しみ、保育教諭等や友達と心を通わせる。
　　　　　　　　　　２内容　(9) 絵本や物語などに親しみ、興味を持って聞き、想像をする楽しさを味わう。

＜日常の中から生まれる子どもの言葉＞

　自然とのふれあいの中で、子どもがどんな言葉を発したか、そのとき保育者は子どもにどんなことばをかけたのか、大切にしたいものです。
　保育室から見える桜と銀杏の木の葉がきれいに色づいているのをみながら…たねきくんと同じクラスの女児がつぶやきました。「せんせい、あのね。あの葉っぱたち、みんなにかわいいって言ってもらいたくて、おしゃれしているんじゃない？」

　引用
「ちょっと　せんせい　みみ　かして、
ないしょばなしだよ。
「あのさあ、おちばって　ちょうど
ぼくの　いたずらと　おなじだね。」
（どうして）
だってさ、いちどで　おわらなくて
まいにち　ちょっとずつ　ふざけながら
おちばに　なるじゃないの、
はいても、はいても、ねえー。
　　　　　　たけし」『ちがうぼくととりかえて』清水えみ子　童心社
　　　　　　　　　　　　　　　　　（幼児のことば10年の記録）1964

　秋に庭の落ち葉を掃くとき、子どもが自分のイタズラと落ち葉を重ね合わせているこの生き生きとした言葉をいつも思い出します。

　こども園教育・保育要領　1 ねらい（1）自分の気持ちを言葉で表現する楽しさを
　　　　　　　　　　　　　　　　　　　味わう。
　　　　　　　　　　　　　2 内容　（2）絵本や物語などに親しみ、興味を持って
　　　　　　　　　　　　　　　　　　　聞き、想像をする楽しさを味わう。

＜わらべうたと自然＞　長い間伝承されてきた「わらべうた」には、自然を題材にした
　　　　　　　　　　ものがとても多いのは、昔の子どもにとって自然がとても身近だっ
　　　　　　　　　　たからなのでしょう。

夕やけ小焼け　あした天気になあれ
カラスが鳴くから　カァえろ

　カラスが「カア　カア」と鳴き始める夕暮れまで、子どもたちは外で友だちとたっぷり遊んでいたのですね。

【やってみよう】
身近な自然とのつながりが深いわらべうたを探して、子どもと一緒に楽しんでみましょう。「芋に芽がでて、葉がでて　ホイ」とか「あめこんこん　ゆきこんこん」などたくさんありますね。

デンマークのある「森のようちえん」にて

　子どもたちは、森へ行くとキツネや虫などの死骸に興味をもつそうです。
この園では、湖の岸から拾ってきた白鳥の死骸を板に張りつけて、子どもたちに見せていました。
　命あるものが死んで風化していく様子を子どもは熱心に話してくれます。この時はなんて言っていたのでしょうね。

　　　　こども園教育・保育要領　1 ねらい　（2）人の言葉や話などをよく聞き、自分の経
　　　　　　　　　　　　　　　　　　　　　　　験したことや考えたことを伝え合う喜び
　　　　　　　　　　　　　　　　　　　　　　　を味わう。

表現

今度は自然と子どもが触れ合うことで、どんなに豊かに表現の世界と結びつくか、みてみましょう。

「表現」は、「感じたことや考えたことを自分なりに表現することを通して、豊かな感性や表現する力を養い、創造性を豊かにする」領域である、と考えられています。

そのことを理解したうえで、子どもが自然と関わったときの感動や喜びを、言葉や音楽、絵画や造形などによって表現することができるよう、様々な素材や用具などを準備し、創造的な活動の展開を援助していきましょう。

保育者は子どもがただ楽しく表現すればよい、ということでなく、子どもが表現という営みを通して、その子の内で何がどのように育っているか理解に努める必要があります。

＜自然の中での様々な音や色、質感などへの気づき＞

1 里山で何の音がしたの？

2 樹皮はどんな感じかな？ごつごつ、ざらざら、冷たい？あったかいそれとも？

自然の中にいると、梢を吹く風・雨の音・虫の音・鳥の声・波の音・・といったさまざまな音が聞こえますね。
はなめちゃんもたねきくんも、身の周りの自然物にたくさん触ってみましょうね。
例えばハルニレとクヌギと白樺、みんな違う質感の樹皮をもっていますよ。

 こども園教育・保育要領　２内容　（1）生活の中で様々な音、色、形、手触り、動きなどに気付いたり、感じたりするなどして楽しむ。

1 樹皮の質感を写し取る

2 木の幹や葉をフロッタージュ

 【やってみよう】質感を楽しむ造形あそび
1　樹皮のもようをねんどで写しとり、乾いたらその表面にタネや豆を並べる（ボンドなどで接着してもよい）
2　樹皮に薄い紙をあてて、クレヨンやクーピーペンシルなどでこすり出す。（フロッタージュ）

＜様々な自然の美しさに気づく＞

　ルーペで見たミクロの世界の美しさやふしぎさについては、"センス・オブ・ワンダー"の項でふれました。（P.56　参照）
　春には新緑がまぶしかったトウカエデの葉も、暑い夏を経て、秋には黄色から赤に変わり、晩秋にはすっかり茶色になって、やがて土になっていきます。けれどもそうして風化していく間の生命の循環のどの段階でも、それぞれの美しさがあることを子どもたちに伝えたいものです。

　こども園教育・保育要領　1ねらい　（1）いろいろなものの美しさなどに対する豊かな感性をもつ。

公園のトウカエデの色環　10月
（所沢市航空公園）P42参照

【やってみよう】はっぱのグラデーション

子どもたちに「周りに落ちている葉っぱを一枚ずつ拾ってみましょう」と誘い、白い布（ビニールのテーブルクロスなどでもよい）の上に緑色の葉から黄色や赤、そして茶色の順番に輪をむすぶよう置いてみましょう。

＜自然界の多様性を感じること＞

　子どもたちが自然の中に出たとき、目に映るさまざまな色や形、目で追っている様々な動きにきっと次々に興味を引かれることでしょう。季節によって葉っぱや花の色が変化すること、虫や鳥たちのうごき・雨や雪のふりかたなどなどを体感したたねきくんは、「外にはほんとうにいろいろなものがあっておもしろいな！」と感じているようです。

クレヨンでおさんぽ（3歳児）

【やってみよう】クレヨンでおさんぽ

　葉っぱには、様々な色や形があることに気づいた子どもたち。集めた葉っぱを並べて、その周りをアリやいもむしやバッタになった気もちでおさんぽするように、ぐるぐるとクレヨンで巡っています。

＜自然素材いろいろ＞

　自然の中には、水、砂や土、木や、麻やクズのようにじょうぶな繊維がとれる植物など、子どもたちに触れてほしい素材がほんとうにたくさんありますね。
　こうした様々な素材を造形活動につなげるために必要な道具なども用意して、子どもたちが様々な造形活動を試してみることができるように配慮しましょう。
　5歳のたねきくんは、自然の中で様々なことに気づいたり、見つけたりして楽しみながら、様々な素材や用具を利用して描いたり、作ったりすることを工夫することもできるようになりましたよ。

　こども園教育・保育要領　2内容　(5) 色々な素材に親しみ、工夫して遊ぶ。

1　　　　　　　　　　　2

　【やってみよう】

1　地面に寝転がった友だちの体の輪郭に沿って葉っぱを「並べる」(5歳児)
2　板に豆を「並べる」(4歳児)
　　数種類の豆をていねいに一粒ずつ板に接着しています。それぞれ画面を構成しようとしている様子が見えます。

園庭にあった柿の葉やあざみの花で作る人形

【やってみよう】草花でつくる人形

　身近にある葉を太い葉脈に沿って半分に折り、頭に見立てた花を一輪中央にさして、2重3重に着物のようにたたみ、葉が開かないようにつまようじや小枝で止めます。長い間「柿の葉人形」として伝承されてきた草花遊びです。

　あなたは子どものころ、どんな草花あそびをしましたか？

 【やってみよう】　風ぐるま

　ストローが1本あれば、風ぐるまができます。

　アケビやクローバーなど、同じところから葉っぱが3枚以上出ている（輪生といいます）草を探してストローに差し込みます。風の吹くほうに向ければ、くるくる回る風ぐるまのできあがり。

 【やってみよう】　落ち葉のバーベキュー

　落ち葉に木の枝を突きさし、葉っぱがささる様子をバーベキューに見立て、みんなで食べるまねをしましょう。枝で葉っぱを上手にさせるかな？

 【やってみよう】バーベキューゲーム

　30秒間で枝に何枚の葉がささるかを競争します。

　30秒たったら、玉入れの数を数える要領で、「いちーまい、にーまい・・」と一枚ずつ落ち葉を抜き取って投げていきます。

　最後まで残った人（一番多い枚数の葉をさした人）が優勝です。

【やってみよう】木の葉のリレー

　子どもたちを2つのチームに分け、みんなに「木の枝を1本拾ってきてね」と言います。リーダーとサブリーダーは枝を2本持ちます。リーダーの枝に、穴の開いた葉っぱ（なければ2つ穴をあける）を枝に差せば、準備完了です。葉っぱにさわらないようにして、枝だけで葉っぱを渡していき、リレーします。早くサブリーダーの枝に葉っぱを早く渡したチームが勝ちです。

【やってみよう】カブトムシリレー

　木の葉リレーのカブトムシ版です。子どもたちを2つのチームに分け、みんなに「木の枝を1本拾ってきて」と言います。リーダーとサブリーダーは枝を2本持ちます。カブトムシを枝に止まらせ、手を使わないでカブトムシを枝から枝へ渡していきます。カブトムシは、なかなか思うように動いてくれないので、迎えに行くように枝を差し出して、うまく止まらせましょう。

　このゲームは、他の虫でも試してみましょう。虫にさわることができない子も、さわることができるまでのステップになるでしょう。

　たねきくんたちのお部屋の子どもたちは、小枝や木の実などの自然物をいろいろなものに見立てたり、組み合わせて何かを作ったり、それらを「ごっこ遊び」に利用したりします。また、目的をもっていろいろな材料を組み合わせたりするなど、素材の特性を生かした使い方や組み合わせ方に気づき、遊びにとりいれようとします。

　子どもが「自分で」素材や用具を選んで使えるようにしたり、あるいは便利な用具がなくても、工夫すればそこにあるもの（石や小枝など）を使って遊ぶことができると気づかせてあげることも大切です。

Chapter Ⅲ
保育 編

＜ぼくの木・わたしの木〜里山ギャラリー＞

制作5歳児

里山ギャラリー

ティピーをつくろう

Chapter Ⅲ
保育 編

【やってみよう】小枝で絵を描く

拾った小枝は筆にもなるよ。里山で「これが自分の木」と選んだ木を墨汁で描きました。5歳の子どもたちが描いた木は、まるで歩き出しそうです。
描いた木をほんものの木の幹に張りつけると、そこはすてきな「里山ギャラリー」

【やってみよう】ティピーをつくろう

森に落ちている枝を拾って、中央に1本支柱を立て、その周りにみんなで枝をどんどん立てていきます。中に2,3人で座ることができるくらいの広い「森のおうち」ができたらいいですね。

【トピック】

ブルーノ・ムナーリ（Bruno Munari 1907～1998）について
イタリアのミラノで活躍した国際的デザイナーであり、アーティストであり、絵本作家でもあった人です。「きりのなかのサーカス」「闇のよるに」などの他、すてきなセンスとユーモアにあふれた大型絵本シリーズも出版。
晩年は、子どものための造形ワークショップを各地でたくさん行いました。

『木をかこう』　ブルーノ・ムナーリ作
須賀敦子訳　至光社

　ムナーリは、木の伸び方をよく観察し、わかりやすい木の描き方を考え、造形的な遊びのプログラムに取り入れました。
① 木は地面から先へ行くほど細くなっていく。
② 太い幹からほぼ半分の太さでどんどん枝が分かれていく。
　　この2つの木の成長の法則性を理解すれば、子どもたちにも木を描きやすくなるでしょう。
　また、太陽を描くとき、子どもたちは、いつも同じ色と形に固定された「おひさま」を

描きがちです。けれどもムナーリは自分が知っている、感じている太陽をもっといろいろな表現で自由に描いてみようよ、と誘ってくれます。

参考図書『太陽をかこう』 ブルーノ・ムナーリ　作　至光社

　形のおもしろい木のほかに，美しい色を出してくれる草花もたくさんあります。
　「たたき染め」ができる葉っぱとしては、藍やもみじなど、花ではツユクサやサクラソウ、バラなどなど・・・布を染めると楽しいヨウシュヤマゴボウやクチナシの実などもありますね。

すくすく育つ「藍」の葉　　　子どもたちと「生葉藍染め」を　　赤い藍の花
　　　　　　　　　　　　　　楽しむ

　春に植えた藍は、夏を越してやがて赤い実のような花房をつけ、秋に黒い種ができます。翌年の春また新しい藍の芽が育つよう、種を乾かしてとっておきます。こうして繰り返し繰り返し藍のタネの命は循環します。

【やってみよう】「生葉の藍染め」
　はなめちゃんとたねきくんは、先生と一緒に藍の葉と水をミキサーにかけ、抹茶のような緑の液になったところに絹（羊毛など）を浸しました。
　水から引き上げて、空気にふれ酸化が始まるとみる間に美しいブルーの色があらわれます。
　はなめちゃんもたねきくんも「わあ〜っ！」と歓声をあげました。
　たねきくんがつぶやきました。「どうして葉っぱの色が海の色になるんだろう？」すてきな気づきですね。
＊生葉の藍には、絹や羊毛など、動物性たんぱく質をよく染める力があります。
　爪も青く染まってしまうので、素手で触らないように注意しましょう。

【やってみよう】 たたき染め

1　板などの上に布をおき、その上に好きな花や葉をのせます。
2　ティッシュペーパーを一枚かぶせてから、トンカチで軽くたたいて草花の色を出します。
3　できあがった布を旗にしても楽しい！

藍の葉のたたき染め

　濃い色の花や葉っぱを丸めて指先で直接画用紙にこすりつけて描くのもきれいで楽しいですよ

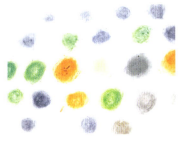

Chapter Ⅲ
保育 編

　こども園教育・保育要領　2 内容　(2) 生活の中で美しいものや心を動かす出来事に触れ、イメージを豊かにする。

　【やってみよう】野菜スタンプ

　オクラ・チンゲンサイ・ピーマン・レンコン・マッシュルーム・みょうがなどなど、野菜の切り口の形の発見がおもしろい活動です。
　野菜はもったいないので、できるだけ端っこを使ったり、切り口を少しずつ短くカットしながら何度も無駄なく使えるようにしましょう。

　【やってみよう】自然物に表情をつける

1　　　　　　　　2
1. ピーナツ人形　ピーナツのからに油性ペンで顔を描き、針金や紙ねんどで手足をつける
2. 拾った葉っぱや木の幹に目や口をつけてみると、楽しい表情が生まれます。

【やってみよう】 もりのぼうしやさん

📖『もりのこびとたち』エルサ・ベスコフ　作・絵
　　　　おおつかゆうぞう　訳　福音館書店

　紙ぶくろや画用紙で作ったぼうしに、自然素材をつけて、森でかぶるぼうしを作ってみましょう。みんなでかぶったら、森のこびとたちになった気分になれるかもしれませんよ。

【やってみよう】草で作る人形
　ワラや草の茎を束ねて、頭部を腕・胸の部分をしばって小さな人形を作ります。その人形にカラフルな端切れでかんたんに作った服を着せてあげると元気な人形のできあがり。これを畑や植木鉢のそばに置いてあげると子どもたちは人形がいずれ土に還っていくことを理解します。

デンマーク「エコロジーインスピレーションハウス」のワークショップにて
ここは、地域や幼稚園や小学校の子どもたちが訪れエコロジーについて楽しく学ぶことができる施設です。

＜リサイクル素材について＞

　「森のドア」（P39）の項で「土に還るもの」とそうでないものの区別への理解を促す実践を紹介しました。
　土には還らないけれど、子どもたちの手によって創造的にリサイクルできるものもわたしたちの身近にたくさんあります。

いったん人工的に作り出されてしまったモノを消費してどんどん捨てていくのではなくて、身近にある多様な素材として、もう一度「これ何かに使えないかな？」「面白いものができそうだぞ！」とクリエイティヴに考えることのできる子どもたちの手に渡してあげましょう。

【トピック】レミダ（REMIDA）―創造的リサイクルセンター

「レミダ」は、工業製品から出た廃棄物や、在庫品などから出た素材（モノ）を　もう「役に立たないゴミ」と見ないで、集めて展示し、市民に提供して、それを受け取った人々がその素材に新しい価値を与えようとする文化的なプロジェクトです。

イタリアのレッジョ・エミリア市（P.99 参照）で2000年から始まりました。

市内での素材の保管総量は、約170トンに上るといいます。市内では毎年5月に「レミダデイ」の催しが大々的に行われ、現在「REMIDA」は世界各地に広がりつつあります。

「REMIDA」というのは、ギリシャ神話に出てくる有名なミダスという名の王様のことです。この王様は純金が大好きで、「触るものなんでも金になったらいいな」と願っていました。欲張りな王様のその願いはかなったのですが、あるとき最愛の娘にふれたら、娘も金の像に変わってしまった、という悲しい結末のお話です。けれどもイタリア内外で広がりつつある「レミダ」は、子どもたちのクリエイティヴな手で、廃材を金のように輝かせてほしい、との願いで始まりました。

 MUBA Museo dei Bambini Milano – REMIDA MILANO（筆者撮影）

ミラノの「レミダ」でも、子どもたちがたくさんの魅力的なリサイクル素材を自由に選んで、次々とすてきなものを作りだしていました。

＜子どもたちの100のことば＞
（1）イメージを伝え合う

はなめちゃんは、楽しいことがあると、歌を口ずさんだり、手をたたいたり、体をゆらしたりして、身体全体で表現しようとします。そして、こうした自分なりの表現を保育者や友だちに受け止めてもらうと、さらに様々な方法で表現しようとします。

子どもには、このように様々な表現のありかたがあることを象徴的に「100のことば」と呼んだのが、レッジョ・エミリアの幼児教育を推進したローリス・マラグッツィ　Loris Malagucci（1920～1994）でした。（P103参照）

子どもたちがイメージを伝え合う方法にはいろいろあるのです。

　　こども園教育・保育要領　２内容
　　（４）感じたこと、考えたことなどを音や動きなどで表現したり、自由にかいたり、つくったりなどする。
　３内容の取扱い
　　（１）豊かな感性は、自然などの身近な環境と十分にかかわる中で美しいもの、優れたもの、心を動かす出来事などに出会い、そこから得た感動を他の幼児や教師と共有し、様々に表現することなどを通して養われるようにすること。

子どもたちは、園庭や公園、里山など、自然の中で体験したこと、そこで味わった感覚や感情を生き生きとしたイメージとして心の中に溜めていっているはずです。

それを自分なりに表現し、みんなで共有することは大切にしたいものです。

保育者は、一人一人の子どもが自分の思いを素直に表現できる雰囲気を作り、ごっこ遊びや表現遊びなどを通してイメージを共有したり、それぞれのイメージを生活や遊びの中で生かしていく環境を整える必要があるでしょう。

同じときに里山に出かけても、帰ってきてから子どもが描く里山はみんなちがっておもしろい（4歳児）

子どもたちにとっては、小さなタネから芽がでてぐんぐんと草木が育つことが不思議でしかたありません。その不思議な力を子どもたちは想像力を働かせて、すてきな表現をしてわたしたちに伝えようとしてくれます。

1 めいめいが「ふしぎなタネ」を作りました。　　2 里山で「鳥に食べられないように」、それぞれのタネを隠しました。

タネの発芽と成長には、おひさまの光や水や土の栄養が必要だ、という科学的な理解だけではなく、子どもたちには、生き生きとしたファンタジーが息づいています。

「どんな芽が出てどんな花が咲くのかな」、と想像しながら描いています。
園に戻ってから「里山に植えたタネから、花の妖精さんが生まれたよ」「ぼくのタネからはすごく大きなカブがなったんだ！」と楽しい絵をたくさん描きました。(5歳児)

『もりのなか』（マリー・ホール・エッツ　文・絵／
間崎ルリ子　訳　福音館書店）

📖「想像力が豊かで、現実と空想の世界を自由に行き来することができる年頃の子どもたちにぴったりの森」の絵本です。

Chapter Ⅲ
保育 編

 こども園教育・保育要領　1 ねらい　（2）感じたことや考えたことを自分なりに表現して楽しむ
　　　　　　　　　　　　　　　　　（3）生活の中でイメージを豊かにし、様々な表現を楽しむ

「例えば一つの植物や種子や花を単に知覚的に見せるだけに甘んじてはならない。
　あらゆるものは精神的なものの比喩とならねばならない。一つの種子でさえも、単に目の前に見えているだけのものではない。その中にはそっくり新しい植物が、眼に見えない状態で詰め込まれている。このようなものは知覚で捉えられる以上のものであるということを、感情や想像力や心情で生き生きと把握しなければならない。」P56
　　　　　　　　　『精神科学の立場から見た子供の教育』ルドルフ・シュタイナー
　　　　　　　　　　　　新田義之監修・大西そよ子訳　人智学出版社　1980
　このことは、知識で理解しようとするおとなより、種から芽が出て、花が咲いて実がなったという循環を体験する子どもたちの方が、全身全霊でわかるかもしれません。

(2) 音のことば

小鳥のさえずりを聴いて、その歌声をそれぞれの子どもが描いたもの（5 歳児）
鳥も子どもたちが布やフェルト、リボンなど様々な素材を使って作りました。

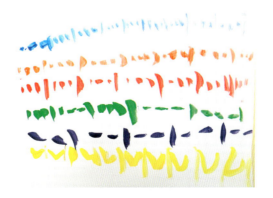

こちらは自分たちが作った「ひょうたんマラカス」をふってみたときの音色を絵で表しています。(5歳児)
いろんな色の音がぎっしり詰まっているマラカスも、ひょうたんから音が飛び出して、波のように広がるものもありました。
子どもたちのように、波や風の音や動物のなきごえ、などのイメージを絵で表してみましょう。

3歳のはなめちゃんは、音楽を聞いて歌ったり、簡単なリズム楽器を鳴らしたりするのが大好きです。5歳のたねきくんは、友達といっしょに歌ったり、踊ったり、楽器を弾いたりして、音色の美しさやリズムを楽しんでいるようです。

こうした子どもの発達に合わせて、おさんぽのとき、季節に合った歌や手遊びをして遊びましょう。
たとえば「どんぐりころころ」「春のおがわ」「とんぼのめがね」など、おさんぽの途中でみんなで歩いていて、いっしょに作った歌を口ずさみたくなることもあるでしょう。
「だんごむし」のうたができてしまうこともあるかもしれませんね。

里山で、木でできた楽器を奏でる。(リコーダーとアイリッシュハープ)
ハープの音色に耳をすまし、音に合わせて好きなように身体を動かそうとし始めている5歳の子どもたち

森の中でのコンサートはすてきです。でも森の生き物を驚かせないくらいの音の大きさでね。

こども園教育・保育要領　2 内容
（6）音楽に親しみ、歌を歌ったり、簡単なリズム楽器を使ったりなどする楽しさを味わう。

【やってみよう】森で遊ぶマラカス

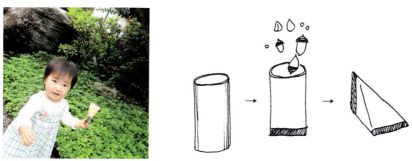

トイレットペーパーの芯の一方をテープでとめて、ドングリや砂など音がするものを入れます。ひねってから（縦と横方向に）、もう一方をテープでとめてできあがり。

（3）造形のことば

　保育者は子どもが自由に描いたり作ったりできるように、様々な材料や画用紙や描画道具などをいつでも取り出せる場所においておく必要があります。子どもが描きたいときに描く、作りたいときに作れるような環境構成が大切ですね。
　身近な自然の中で過ごし楽しかったこと、印象的だったことを自分なりに描いたり、作ったりして、それを遊びに使ったり、飾ったりできるよう促しましょう。

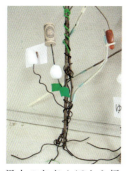

里山のおさんぽから帰ってから、5歳児が作った「木」や「虫」（夏のカブトムシ・秋のクモ）

光と色を感じるオブジェを作って、庭園に飾る。

おさんぽでみつけた実(カラスウリ)にひもをつけてぶら下げる

小枝の枠に自然素材を織り込む

小枝の額や自然素材のモビール作り

【やってみよう】
様々な素材でオブジェを作り、園庭や林等などの自然空間に展示（インスタレーション）してみましょう。

こども園教育・保育要領　2内容
（7）かいたり、つくったりすることを楽しみ、遊びに使ったり、飾ったりなどする。

　わたしたちは、身近にある美しいものを見て、身のまわりを美しくしようとする気もちがあるから「飾る」のでしょう。
　生活をよりよくするための「計画」、というのがもともとのデザインの意味です。
　幼児期から、こうした気もち（生活をよりよく、美しくしようと考える）をもつことが、「地球市民」には大切なことだと思います。

(4) 身体の動きによることば（劇あそび）

　年齢が高くなるにつれ、見たことや経験したことを「ごっこ遊び」の中に取り込み、それが劇遊びに発展していく場合もあります

子どもたちが劇的活動に向かうとき、それは音楽的な表現や造形的表現、そして身体的表現が絡まり合って総合的な遊びや表現活動となります。そこには友だちと自分のイメージを共有する楽しさも生まれます。

公園にある自然素材で仮装して、「マザーツリー（種子散布）の物語」（P.15参照）を即興で演じる保育者養成校の学生たち

こども園教育・保育要領　2 内容
(8) 自分のイメージを動きや言葉などで表現したり、演じて遊んだりするなどの楽しさを味わう。

「はなめちゃんとたねきくんが自然の中で大冒険をする」、というお話のパネルシアターもできましたよ。皆で作ったお話を演じて、子どもたちと楽しみます。(秋草学園短期大学)

最後にもう一度「幼保連携型認定こども園教育・保育要領」の中で、とくに自然の中で遊び、自然に興味をもち、自然とのかかわりを深めることの大切さを伝えている箇所を見てみましょう。

こども園教育・保育要領　第2 保育の実施上の配慮事項
③満3歳以上の園児保育に関わる配慮事項

(3) 様々な遊びの中で、全身を動かして意欲的に活動することにより、体の諸機能の発達が促されることに留意し、子どもの興味や関心が戸外にも向くようにすること。

(6) 自然との触れ合いにより、子どもの豊かな感性や認識力、思考力及び表現力が培われることを踏まえ、自然とのかかわりを深めることができるよう工夫すること

保育に関わる上で、この2つの配慮事項をしっかりと受け止めて、＜子どもたちの100のことば＞を支援していきたいですね。

「子どもの豊かな感性や認識力、思考力及び表現力」を培うための実践活動としては、次の「プロジェクト・アプローチ」が参考となることでしょう。」

＜自然をテーマとしたプロジェクト活動＞
１．プロジェクト活動ってどんなこと？

　子どもの興味関心から始まり、観察や対話を重ねることで子どもの考えが引き出され、長期間にわたって同じテーマを共に探求し学び合う活動のプロセスを「プロジェクト」と呼びます。

　プロジェクト活動とは、20世紀初頭に教育学者、ジョン・デューイやキルパトリックらが展開した進歩主義教育運動の中に見られます。これは幼児期から小学校低学年における広い意味での教育方法と考えられてきましたが、問題解決や課題達成を中心とする、子どもの主体的で協同的な活動は、1970年代以降、**レッジョ・エミリアでの幼児教育**において活発に行われてきました。（注:Reggio Emiliaは、イタリア北部の人口約17万人の都市です。）

　子どもの権利を保障し、子どもが表現することを最大限に尊重しようとしているレッジョ・エミリアでは、保育者は子どもが「主体的に生活し、自ら環境に働きかけ、自分に合った物事の捉え方を見出し、それを表現する力を持っている、可能性に満ちた存在」と考えます。

　細かい指導計画案に縛られることなく、子ども自身が「やってみたい」「知りたい」という「いま」の意欲が生き生きとした意外な展開へとつながっていく興味深い実践が行われ続けてきました。

　保育者は、始めはどこへ向かっていくのかわからない子どもたちの興味、関心に寄り添いつつ、保育者自身も子どもたちとたえず学び合いながら、プロジェクト活動を進めていくのです。

　そうしたプロジェクトの活動過程で子どもたちは協同して学んでいきますが、そのためには、何より子どもどうしがよく対話し、自分の考えを言うこと、他の子の考えをよく聞くことが大切にされます。

　知識の獲得より、自分たちで「もっとよく知りたい」という意欲が重視されるので、長い時間をかけて一つのことを深く探求していくことになります。たとえば自然の中で、なにか一つの興味をもったとしたら、そのテーマについて様々な切り口でものごとを考え、工夫し、活動が深まっていくのです。

　そして、こうした子どもの学びの軌跡を「ドキュメンテーション」と呼ばれる、丁寧で見やすくわかりやすい記録として残します。それは達成や結果を示すための記録でなく、子どもたちが紡ぐ「学びの物語」と呼ばれるものです。

　園での豊かな学びを保護者に理解してもらい、協力者となってもらうためには、園からの発信が不可欠だということから、レッジョ・エミリアでは、ドキュメンテーションに力を入れているのです。

　これはまた、子ども自身が自分たちの活動を振り返るツールにもなり、保育者の自己評価や、保育者どうしで共有するデータとしても活用されています。
子どもと自然をむすぶプロジェクト活動にとっても、ドキュメンテーションは欠かせないものです。

＜子どもの「自然」に関わる興味から始まる　プロジェクト・アプローチ＞

　子どもたちは日々自然について様々な興味を抱きます。
　どんなことについて興味をもったのか子どもたちとよく話し合いましょう。
　子どもがその興味あるテーマについてさまざまなことを感じ、自分たちでよく観察したり、絵本と親しんだり、図鑑で調べたりしながら、そのテーマについて一人ひとりの子どもがより深く認識し、理解するプロセスを見守りましょう。
　その過程で子どもが理解したことを子どもはどのように表現するでしょう。
　子どもたちには表現する「100のことば」があるのですから、そばで見守るのが楽しみですね。
　こんなことを保育者のみなさんと話し合いながら、次のような実践が生まれました。
（以下は埼玉県狭山市の保育所・年長児クラスで行われたプロジェクトの簡略なドキュメンテーションです。）

1．「しずく」から、生命の循環の理解へ

　5歳児「ぞう組」クラスの子どもたちの最初の関心は「梅雨」でした。
　毎日雨が降る6月、保育所の中にいて雨の音を聞いたり、園庭に雨が降るようすを見たりしながら、子どもたちの雨への関心は「水」へと広がっていきました。
　「どうしてつゆって、梅の雨っていうんだろう？」ある子どもがつぶやきます。
　その数日後、別の子どもが園庭の梅の木の下に青い梅が落ちているのを発見しました。
　そこで子どもたちの中で一気に結びついたようです。「そうだ！梅がなる頃の雨だからだ！」

　梅雨を発端として、水に興味を持っている子どもたちのようすを見た担任は、「みんなの周りには、どんな水がある？」「どんな時に水を使うの？」聞いてみました。こうして子どもたちの間で水について話し合う機会が増えていきました。
　園庭が大きな水たまりになっていたある雨の日、できた水たまりをつなげて遊ぶ子どもたち「川みたいになったよ」と嬉しそうです。

　そのうちその水たまりの水は、いったい「どこへ行くのだろう？」という疑問が生まれました。
　同時に保育室内の手洗い場で、絵の具の片づけをしていた子たちが、蛇口から滴る「しずく」はどこに流れていくのか、ということに興味を持ち始めました。

 【やってみよう】しずくちゃんの絵を描いてみよう

しずくはどんなところでみつかるでしょう？
雲の中から落ちてくるところ？
葉っぱの上で踊っているところ？
土の中にしみこんでいくところ？

子どもたちが本物のしずくちゃんをさがしに行って園に帰ってきたとき、水道の蛇口にいるしずくちゃんも発見していました。

学生作品

　そこで担任は、子どもたちの関心に沿うよう、『しずくの冒険』（マリア・テルリコフスカ　さく／ボフダン・ブテンコ　え／うちだ　りさこ　やく／福音館書店）や水の循環をテーマにした紙芝居などを保育室に置き、子どもが求めるたびに読みました。

Chapter Ⅲ
保育 編

水の循環をテーマとした美しい絵本
『みずたまのたび』アンヌ・クロザさく
こだま　しおり　やく　　　西村書店

　そのうち梅雨も明けてプール遊びも始まり、子どもたちはますます水と仲よしになっていきましたが、こうして水と触れ合う体験と並行して、子どもたちは水のゆくえについて興味をもち続けました。

　また保育者がさりげなく保育室に掲示してあった「水の循環図」にも刺激を受け、子どもたちから「水が流れる（循環する）町づくり」が少しずつ始まりましたが、後にこれは壁面いっぱいに広がる大作となりました。

保育者が保育室内に掲示した「水の循環図」（部分）

子どもたちが協同で制作した
「水が流れる（循環する）町」（部分）

　また、「水は絵の具となかよしで、いっしょにきれいな色を作ることができるんだ」、といった子どもの発言から、保育士は絵本『いろいきてる』を一緒に見て、どんなふうに水と絵の具がまじりあっているのかを話し合い、じっさいに子どもたちとやってみました。

　水をたっぷり使って絵の具を溶き、たらしたり、にじみませたりして制作した紙に、それぞれの子どものことばを寄せ、ぞう組独自の『いろいきてる』絵本ができあがりました。

『いろ　いきてる！』（谷川俊太郎　文／元永定正　絵　福音館書店）

子どもたちは何度か筆を使ううちに自分で工夫して、絵の具の上手なたらしかたを自分で見つけていきました。それと同時に子どもたちが描いたたらし絵・にじみ絵から、生き生きとした言葉も生まれてきましたよ。

その他にも、のりと水と絵の具を混ぜてフィンガーペインティングを楽しんだり、ペットボトルなどを利用してかんたんな「ろ過装置」を作って泥水がきれいな水になるか試したり、と様々な水とのふれあいを経験した9か月間のプロジェクト活動でした。

雨のしずくが描いた絵

【やってみよう】雨のしずくといっしょにお絵かき

雨のふる日に画用紙に水彩絵の具で点々を描いたあと、園庭に出して画用紙を雨にあてます。すると雨のしずくが絵の具をにじませて、新しいもようを作ってくれます。

園庭に置いたので、雨のしずくがはねて、土も少し混じっています。

こうして保育者も子どもたちの関心に沿いつつ、様々な活動を試行錯誤している過程で、子ども独自のファンタジーも生まれます。

保育所の夏祭りに向けて、テーマを決めることを担任が子どもたちに提案し、話し合った結果「地球を大切に〜きれいな海の夏まつり〜」ということになりました。

担任は、人魚姫アクアちゃん（子どもたちの想像から生まれたキャラクター）から「未来の地球がゴミでまっくろになってしまったの！さあ大変！みんなの力で地球を守ってね。」という手紙が届いたことを伝え、「未来は変えられるはずだけれど、どうすればきれいな地球になるのかな？」という問いを子どもたちに投げかけたところ、5歳児たちは、物を大切にすることやごみの分別をきちんとすることで地球がきれいになる、と考えました。

そこで、みんなで力を合わせてきれいな海を取り戻そう、という思いをもって、リサイ

クル素材で海の生きものを制作したり、「きれいな海」をテーマとした入場門を制作したりして夏祭りを迎えました。

行事が終わって、日常の保育に戻ってからも、「水の循環・しずくの冒険」についての子どもたちの興味は失われることなく、プロジェクト活動は継続します。
秋に入り、共通のテーマについて対話することに慣れ、集中力や持続力も身についてきた子どもたちは、プロジェクト活動を通じてそれぞれに理解を深めた「水と生命の循環」を大きな紙いっぱいにコラージュしました。

そこには太陽・山・川・畑や田んぼ・海・町や村、そして浄水場が描かれ、その中に一人ひとりが作った「しずくちゃん」を貼りこんでいきました。

雲からふり注ぐ雨は、木や畑や動物たちに恵みをもたらす。

元気よく海に飛び込むしずく

子どもが考えた「浄水場」

また、卒園間近の2月になると、みんなで共有してきた「水の循環・しずくの冒険」をテーマとした劇活動もできてきました。子どもたちそれぞれの成長を実感できるこの劇は、保護者の方々も一緒に見て、深い感動を呼びました。

　このぞう組で自分たちの「しずく」体験から劇をしようということになったとき、子どもが「こんなのをつくろう」と、子ども同士で話し合いながら、共通のイメージを形づくり、セリフや小道具などを決めていく共同の作業が生まれてきました。それは保育者が一方的にせりふや役割分担を決め、それを練習させるといったものではありません。子どもたちが作っていったしずくの劇は子どもの興味関心やあそびの延長線上にできたもので、あくまでも子どもの主体的な学びだったのです。

　子どもたちは、その劇のなかで川や海の水をきれいにするために、自分たちでできることを考えて表現していました。そして地球に生きる植物や木や動物、人間に豊かな水が命をもたらすということもよく理解していました。そうした子どもたちの姿を見ると、みんな立派な「地球市民」だと感じます。冒頭の「ハチドリのひとしずく」（参照）にもつながるような「自分にできることをしようとする」様子が伝わってくる劇でした。

 【やってみよう】＜くもの巣＞を描く

　子どもとともにプロジェクト活動を行っていくとき、子どもどうしの対話や子どもがしたことなどをメモのようにまとめてみましょう。

　自然について興味あることから出発して、＜くもの巣＞を作ってみましょう！
　子どもたちとプロジェクト活動を行うとき、子ども同士、あるいは保育者も交えての対話の中から、浮かんできた様々な思いつきや、やってみたいこと、などをメモのようにどんどん記していき、それらのアイデアがどのようにつながっているか、くもの巣のように記していきましょう。
　子どもたちが経験すると予想される事例やプロジェクトの過程を通して経験したできごとも簡単に記入します。
　そうすると事例のつながりがよくわかり、保育を振り返る材料としても役立ちます。例に挙げた「しずくの冒険・水の循環」のプロジェクト活動でも、担任は「くもの巣」を書いて、整理してみました。

Chapter Ⅲ
保育 編

<身近な水への興味・関心>

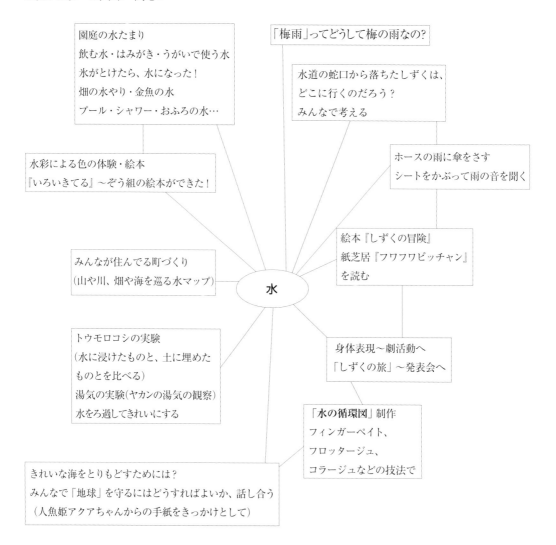

　この「くもの巣」に描かれたことはプロジェクト活動の一部です。実際には、「水」をめぐって、9か月間にわたってもっとたくさんのことを共に体験してきた子どもたちでしたが、プロジェクト活動を通して「水は循環している」ことを理解し、水は生命にとって大切なものだと感じたようでした。

　それまで身近に当たり前にある水でしたが、畑に水まきをしたり梅雨の雨に親しんだりしながら、このプロジェクト活動を通して子どもも保育者も変化し、「生命の循環」を意識するようになったのです。

【トピック】子どものことば

　家でお茶を飲んでいるとき、子どもが「これは湯気で空に昇って雲になるんだよ」と話してくれた、とあるお母さんが嬉しそうに話していました。

「水がなくても、ジュース飲めばいいよ」と言った子に、「でもリンゴジュースも水がないとできないよ」「牛も水飲まないと牛乳でないよ」という子どもたちもいたそうです。家で洗濯機の注水音に興味をもつようになった、とも聞きました。「水が出しっぱなしになってるんじゃないかと思ったんだ」、とその子は言っていました。

【トピック】保育者の感想

上記の5歳児クラスのプロジェクト＜しずくのぼうけん・水の循環＞について
　公開保育のさい、市内全域の保育所から見学に参加した保育士の感想です。
　プロジェクトを行った担任の感想も含まれています。

O 保育士＝子どもが自分で「気づく」ことが大切で、そうすれば子どもに自ら問題を解決していく力があるのだとよくわかった。
その過程でていねいに子どものことばを聞こうとしている担任の姿に深く共感した。

A 保育士＝何度もやってみることが大切で、子どもたちがそのうち自分で気づく姿を見たので、保育者が「自分はわかっていること」や指示を子どもたちに先に言うのはやめようと思った。

W 保育士＝子ども自身の興味が大切だとわかった。自主的に活動している子どもから出る発言がとても面白かったし、それを担任がさらにふくらませていくのがすごいと感じた。
グループごとに子どもどうしよく話し合い、「もっとこうすればいいよ」、などと声をかけあっている姿に「協同性」が見られた。

I 保育士＝プロジェクトの活動過程や、予測される事例を「くもの巣」にすることにより整理され、更にそれからの保育を広げて行けることを見て、自分も実践してきたいと思う。子どもにこんな素敵な表現力がある、ということに驚かされ、感動を覚えた。

Y 担任＝　プロジェクト活動が、子どもの思いや考えをじっくり聞ける良い機会となった。ふだんは発言しない子が、絵を描いてみたら、いつもと違う一面が引き出され、「こんなふうに考えていたのね」とよくわかって興味深かった。
自分も「水の循環」を知らなかったので、子どもたちと共に学び続けているが、子どもと話し合っていると、色々と話が出てきて、気づかされることも多い。最近は、自由遊びの時間にも楽しそうに「雲」や「雨と花」などを作っていたりして、みんなで取り組んでいるプロジェクトが日常の保育に自然に溶け込んでいることを感じる。

Chapter Ⅲ
保育 編

　　　　　　今までついつい準備万端で保育に臨もうとしてきたが、今回プロジェクト活
　　　　　　動の間は「どうすればいい？」「あなたはどう思う？」と子どもに聞くよう
　　　　　　に配慮した。
　　　　　　そうすることで、保育者としては「ガマン大会」みたいな気分になったけれど、
　　　　　　今までクラス一斉だと発言する子が決まってしまっていたのが、グループ一
　　　　　　人一人の考えや気もちがわかるようになった。

　O担任　＝ふだんでも子どもの声を拾い、子どもの主体的な活動を望んではきたが、実
　　　　　　践してみてそれが難しいとわかった。子どもの心に今まで以上に深く寄り添
　　　　　　おうとしないと、聞いているようで聞いていなかった自分に気づいた。
　　　　　　大変ではあるけれど、一人ひとりに「どう感じたの」「どう考えたの」と問い、
　　　　　　子どもの言葉や活動を待つ意識をもつ必要があり、結果的にはそのことが子
　　　　　　どもをとても生き生きさせると実感した。
　　　　　　保育者がやってしまった方がどんなに楽か、と何度も思ったが、そうしてし
　　　　　　まったら生まれるものは少ないだろう。
　　　　　　今までも身近にある水についてほとんど考えてみることもなかった。
　　　　　　畑や梅雨など、それまで親しんでいた水について、プロジェクトの過程で子
　　　　　　どもと保育者も変わり、「生命の循環」を意識するようになった。
　　　　　　おとなしい子が多く、問いかけても返事が返ってこない、自信がないのか気
　　　　　　になっていたクラスだったが、プロジェクトの中で活発に話し合うようにな
　　　　　　り、集団の前でも自分の意見を言えるようになった。
　　　　　　また、元々絵が好きだったわけでなく、経験画など嫌がる子も多かったのに、
　　　　　　今は皆ためらわず絵を描く。「たらし絵（ドリッピング技法）」、などみんな
　　　　　　で行ったときに、自分なりにうまくできて楽しかったということが自信に
　　　　　　なったのかと思う。

　このとき担任にとって一人一人が自分を大切に、そして互いを認め合うことが、クラス
づくりのテーマだったのですが、保育者のその思いは、子どもたちが興味をもった「水」
について、様々な体験を一緒に重ねていくことで、実現されていったようです。

【やってみよう】　プロジェクトのテーマ

　ここでは「しずくの冒険」を例として、一つだけあげましたが、子どもたちが自然と触
れ合う中から見つけるプロジェクトのテーマは、いくらでも生まれてきます。（例えば「種」
や「畑の虫たち」「光と影」などなど・・・）子どもたちと自然に関わる興味のあるテー
マをもとに一緒に様々な活動へと広げていきましょう。

種から始まる「マザーツリー」(P.14 参照) という命の循環をテーマとして、授業の中でグループで調べたり、話し合ったりして、理解したこと、イメージを壁面に表現してみた作品です。

「マザーツリー」をテーマにした学生作品

「クロロフィルママ」のおはなし(P.31 参照)をテーマにした学生作品

Chap Ⅳ　資料編

1．ヨーロッパの森と日本の森

　デンマーク、ノルウェー、スウェーデンなど、北欧の国々には、「自然享受権」という慣習に基づいた権利があります。誰の土地であっても、どんな人でもそこで自由に自然を楽しんでよいという権利です。

　ヨーロッパの国々には、少し郊外に出ると、家のすぐ裏が森という場所がたくさんあります。だからこそ「自然享受権」が生まれ、森で遊ぶ"森のようちえん"が発達してきたのでしょう。

スウェーデンの森と森のムッレ教室の子どもたち

デンマークの森と森のようちえんの子どもたち

　では、日本の森はどうでしょう？子どもたちが遊べる日本の身近な森は、「里山」のことを指すことが多いと思います。「里山」の森はおじいちゃんが守っていることが多いので、"おじいちゃんのやま"と呼ばれることがあります。「里山」は、持ち主がいて、下草を刈って手入れをして、大切にしている森です。日本には自然享受権はないけれど、持ち主に聞けば、きっと子どもたちが遊ぶことを許可してくれることでしょう。許可をもらってから遊ぶようにしましょう。

日本の里山

 トピック【落ち葉は森の積立貯金】

　「里山」のクヌギやコナラは、秋になると葉っぱが赤や黄色になり、冬にはすっかり葉が落ちてしまいます。さて、この落ち葉はゴミなのでしょうか？

　公園や街路樹の落ち葉はすっかり掃除されて、大きなビニール袋に入れられて、ゴミとして焼かれます。でもそれでは、カブトムシや森の虫たちの食べ物がなくなってしまいます。カブトムシが減ってしまった理由は、そんなところにあるのかもしれません。

　さらに、森にとってはもっと大変な問題があるのです。落ち葉は、カブトムシやダンゴムシ、ミミズなどの昆虫が食べ、そのフンが土になります。土の中にはもっと小さな微生物がいて、土に還った落ち葉を植物が肥料として使うことができる形に分解します。こうして、もう一度木々が根から吸い上げて使える栄養いっぱいの肥沃な土となるのです。

　落ち葉は何年も時間をかけて、森の木々が大きくなるための肥料となります。それはまるで、後で使うために貯めている積み立て貯金のようなものなのです。

　かつては人間が煮炊きをするためや、畑の肥料として落ち葉を使っていました。それは落ち葉の一部だけ使わせてもらっていたのです。でも今は、散らばっている落ち葉は全部、ゴミとして集めて焼かれてしまいます。人間の自分勝手なやり方に、森の木々は困っているのではないでしょうか。

2.「森のムッレ教室」と「森のようちえん」の共通点・相違点

スウェーデンの「森のムッレ教室」

デンマークの「森のようちえん」

　「森のようちえん」の活動はアメリカが発祥の地と言われていますが、幼児を対象とした野外教育の代表的なものには、スウェーデンの「森のムッレ教室」とデンマークの「森のようちえん」があります。この2つの幼児向け野外教育はとてもよく似ていますが、どこが違うのかを知るために、私たちは、スウェーデンとデンマークに行って調査を行いました。

　子どもたちの様子を見ていると、「森のムッレ教室」と「森のようちえん」はそっくりで、子どもたちは自分で身支度を整えて森に行き、3歳でも自分の足で歩き、自然の中で五感を使って遊び、出会う生きものへの好奇心がいっぱいで、触れたり観察したりしていました。

　でも、先生へのインタビュー調査を行い、少し違うことがわかってきました。スウェーデンの「森のムッレ教室」では先生たちが特別な教育を受けていて、どの先生も、「街中の公園でも森の中でも生態系や自然の循環は同じだから、どんなところに行っても同じ教育ができる」と言っていました。デンマークの「森のようちえん」では、「毎日行くすばらしい森がなければ、自然の中での子どもたちの成長は見られないと思うし、この森だからこそ自然への興味がわくのだと思う」と言っていました。

　この調査によって、「森のムッレ教室」は生態系や自然の循環とその保護を伝える環境教育の意味合いが強く、「森のようちえん」は、豊かな自然環境の中での人のすごし方を伝える文化と科学教育の意味合いが強いという違いが見出されました。

　　参考図書　『さあ　森のようちえんへ』小鳥も虫も枯れ枝もみんな友だち
　　　　　　　石亀泰郎　文と写真　ぱるす出版

		森のムッレ教室	森のようちえん
共通点	発祥	スウェーデンの野外生活推進協会（Frilufts Främjandet）により、暖冬の冬の活動として1957年に誕生	1950年代にデンマークで一人のお母さんが森の中で保育をしたのが始まりとされている
	園児たちの様子	・自分で身支度を整えて森に向かう ・自然の中で五感を使って遊ぶ	・低年齢でも自分の足で歩く ・出会う生きものへの関心が高く、触れたり観察したりする
	カエルをつかまえたとき	カエルは変温動物なので、人間の体温はカエルにとって熱いことを説明するために、保育者が「カエルがやけどするから放してあげよう」と促していた	
	保護者の希望	・野外教育。アウトドア活動 ・自分たちでは連れて行くことができないので、保育園にやってほしいと思っている。	・野外教育。小学校に入るとできなくなるので今のうちに。 ・自分たちでは連れて行くことができないので、保育園にやってほしいと思っている。
相違点	園庭と園外の利用	・園庭が充実。園庭を利用することが多く、森へは必ずしも毎日行くわけではない。 ・森に隣接していない園もあり、20～30分歩く場合がある。	・園庭は小さいか単一な環境。森へは毎日行く。 ・園から森までは近く、5～10分くらいで到着。
	子どもたちに伝えたいこと	・子どもたちに伝えたいのは生態系のしくみ。 ・自発的に環境配慮行動をすることができ社会に貢献する人材育成を目指している。 ・民主主義。	・子供に伝えたいことは、科学の目で自然と触れ合うこと（解剖学、分類学）。 ・運動能力、社交性。
	保育者の資格	・「野外生活推進協会」の所定のカリキュラムを修了した指導者が75％以上いることが条件。	・特別の資格はいらない。 ・「緑の新芽」※の研修を受ける場合もある。 ・ネイチャーガイドを頼むこともある。
	野外教育の効果	・環境配慮行動につながる ・知的好奇心 ・ジェンダー問題がなくなる ・協力しあえる	・自然の中で生物を考え、自然を守ることにつながる ・環境に配慮した選択ができる
	園の場所の重要性	・生態系や自然の循環はどんな自然の中でも共通するしくみなので、伝えられる素材としての自然環境があれば、どこでもこの教育はできる	・いつも行く森が園の近くにあるということが大事。豊かな自然の中でこそ自然環境への配慮が育成される
	教育面での相違点	・生態系や自然の循環とその保護を伝える環境教育	・豊かな自然環境の中での人のふるまいを伝える文化と科学教育

※「緑の新芽」（Groennespirer）野外活動評議会では、自然教育を行う登録団体に対して、指導や教育ツールの提供を行っている。

　森のムッレ教室、森のようちえんの共通点・相違点については、2014年環境教育学会の大会で発表されました。

＊本書で遊びや実験を紹介するにあたり、「森のムッレ教室」、「森のようちえん」、「ネイ

チャーゲーム」などの活動も参考にさせて頂きました。

【トピック】

プロジェクト・ゼロ：アメリカの認知心理学者ハワード・ガードナーの「多元的知能」という考え方を中心にして、ハーバード大学で幼児のために開発された「カリキュラムと評価」の研究プロジェクト（1984 〜 93 年）のことです。

ガードナーは、知能を「特定の文化的状況や社会によって価値づけられた方法で、問題を解決する能力やその結果として生み出されてくるもの」ととらえました。つまり「知能」はひとつのものさしで測ることができるわけではないのです。

知能を、音楽や美術などの審美的能力も含めてとらえたところが画期的でしたが、ガードナーが考える七つの領域：1 言語的知能 2 論理数学的知能 3 音楽的知能 4 空間的知能 5 身体運動的知能 6 自己と他者の理解に関わる個人内及び対人的知能の他に、最近では 7 つめの「自然の世界に関わる知能」も付け加えられました。

【トピック】

「子どもは発達のすべての側面を関係づけて、全人格者として成長している」
世界が注目してきたレッジョ・エミリアの幼児教育を支えてきた教育学者、ローリス・マラグッツィ（Loris Malaguzzi）のことばです。

レッジョ・エミリアでは、子どもは未来の市民というより、現在の市民であるという考えかたがあります。

子どもは権利を有する市民・独自性を有する存在で、大人から一方的に教えられる存在ではなく、市民生活を豊かにして、その歴史を共に紡ぐ「協同する人」collaborator なのです。レッジョ・エミリア においては、子どもは子どもの間にもすでに「地球市民」として認められているといってよいのでしょう。

【やってみよう】

もういちど「地球市民」ってどんな人なのか、子どもたちがどんな「地球市民」に育ってほしいか、一緒に考えてみましょう。

あとがき

　園庭にある池で一羽のハクチョウを飼っている「おひさま子ども園」では、ミミズが大好きなハクチョウのために、子どもたちは土の中からミミズを見つけては、ハクチョウにやっています。園の近くには、オタマジャクシがたくさん生まれる場所もありますが、たねきくんは「オタマジャクシは大きくなって、カエルになろうとしてがんばってるから、餌にやっちゃだめだよ」と考えて、みんなにそう言いました。「そうだね！」みんながたねきくんの意見を聞いてくれました。それぞれの思いを聞きながら、その時その時どうしたらいいかいっしょに話し合える「おひさまこども園」が、はなめちゃんもたねきくんも大好きです。

　また、「おひさまこども園」では、みんなが遊びに使ったどんぐりや木の葉を毎年園庭に掘った穴に埋めます。新しい命を育てる土になっていくようにと願って、先生たちはそうしているのです。

　園に長年いて、子どもたちと仲よしだった犬のアスランやうさぎのモプシーたちが高齢となり逝ってしまったときには、みんな悲しみながらも園庭の隅にお墓を建てました。そしてそこで眠る生き物がやがて土に還ることを学んできています。
こうして子どもたちは自然と仲よくすることで、さまざまなことを実感しながら知り、互いに学び合っていきます。小学校に行く前の幼児期に育まれるべき「知」とはそういうことではないでしょうか。

　幼児期に、わたしたち人間は自然の中で生きる「いきもの」であることを知り、その「命のつながり」について関わる経験を持つことや、子どものそばにいる保育者がその経験の重要性に自覚的であることが、これから「地球市民」が育つうえで必要なことだと思います。身近な自然にふれ、その経験からこの子の何が育つのか、を想いながら、わたしたちも子どもと共に自然に包まれましょう。

　そして子どもが育つことを見守るお母さん、お父さんたちが、たくさんの育児情報に振り回されないで、子どもの成長発達にとって何が大切かを見失うことのないよう、保育を営む側からも応援していきたいと思います。

　自然界の生き物たちは生存競争が激しいですが、人間にとって子育ては競争ではありません。人間はみんなが生きるために協同して、思いやりをもって子どもの育ちを支援することができる「いきもの」です。そのことを忘れないで子どもたちの育ちを見守りたいものです。

著者			
	豊泉　尚美		秋草学園短期大学　教授 専門は芸術学・芸術教育 保育内容「造形表現」（執筆担当：Part III）
	森下　英美子		文京学院大学　　環境教育研究センター研究員 専門は野外環境教育・保全生物学（鳥類） （執筆担当：Part I II）
	茗井　香保里		秋草学園短期大学　教授 専門は幼児体育・身体表現 保育内容「健康」（執筆担当：「健康」の項）
	丸橋　聡美		秋草学園短期大学　講師 専門は保育内容「人間関係」（執筆担当：「人間関係」の事例）

イラスト		
	濱下　和子	モノクロ　イラスト
	海野　こんぶ	表紙デザイン・「ハチドリのひとしずく」挿絵・「マザーツリーのおはなし」・「雑木林の食物連鎖」・「しずくちゃんの旅」・「生態系ピラミッド」　等

制作	狭山市公立保育所　あきくさ保育園の子どもたち

協力	秩父「花の森こども園」 狭山市立新狭山保育所・柏原保育所・狭山台南保育所・水野保育所 デンマーク　　Skovbørnehaven I Ordrup Hus Naturbørnehaven Denmark , Lilleyhuset　など スウェーデン　 I Ur och Skur Statarlangan イタリア　　　Milano Museo dei Bambini

---

地球市民を育てる

発　　　行	2016年 4 月 5 日 初　版　第 1 刷発行 2021年 3 月25日　第 2 版　第 1 刷発行
著　　　者	豊泉 尚美　・森下 英美子 茗井 香保里・丸橋 聡美
発 行 者	小森　順子
発 行 所	圭 文 社 〒112-0013　東京都文京区音羽 1 - 14 - 2 TEL.03 - 6265 - 0512　FAX.03 - 6265 - 0612
印刷・製本	恵友印刷株式会社 ISBN978-4-87446-082-5　C1037

落丁・乱丁本はお手数ですが、上記までお送りください。送料弊社負担でお取り替えいたします。